Lektüre easy

Friedrich Dürrenmatt

Der Richter und sein Henker

von

Manfred Eisenbeis

Klett Verlag
Stuttgart Düsseldorf Leipzig

Die Seitenangaben beziehen sich auf folgende Textausgabe:
Friedrich Dürrenmatt, Der Richter und sein Henker. Der Verdacht. Zürich 1998
(Diogenes Taschenbuch 23060).

 Gedruckt auf Papier,
das aus chlorfrei gebleichtem
Zellstoff hergestellt wurde.

Die Deutsche Bibliothek – CIP-Einheitsaufnahme

Ein Datensatz für diese Publikation ist bei
Der Deutschen Bibliothek erhältlich.

Auflage 4. 3. 2. 1. | 2004 2003 2002 2001
Die letzten Zahlen bezeichnen jeweils die Auflage und das Jahr des letzten
Druckes.
© Ernst Klett Verlag GmbH, Stuttgart 2001
Internetadresse: http://www.klett-verlag.de/klett-lerntraining
E-Mail: klett-kundenservice@klett-mail.de
Umschlagabbildung: Ullstein Bilderdienst, Berlin
Umschlaggestaltung: Bayerl & Ost, Frankfurt / Main
Innengestaltung und DTP: Kirsten Brückmann, Stuttgart
Druck: Wilhelm Röck, Weinsberg
ISBN: 3-12-928093-6

Inhalt

Bemerkungen zum Roman

Dürrenmatts Kriminalroman „Der Richter und sein Henker" gehört wegen seines Aufbaus und seiner Erzählweise zu den relativ einfachen literarischen Formen.
Was geschieht?

> Ein Polizist wird erschossen aufgefunden. Der Mörder, ein Kollege des Ermordeten, hilft paradoxerweise dem ermittelnden Kommissar bei der Aufklärung des Falles. Er wird von ihm entlarvt, jedoch nicht der Justiz übergeben, sondern dazu benutzt, einen Großverbrecher zur Strecke zu bringen, was anders nicht möglich war. Am Schluss kommt der Mörder durch einen Unfall ums Leben.

Dies klingt recht einfach, ist es aber nicht. Da gibt es schon erhebliche Probleme. Gerade durch diese Probleme, die allgemein menschlicher Art sind, erhält Dürrenmatts Roman seinen literarischen Wert.
Ein Problem ist die Frage nach dem Verhältnis von Freiheit und Verantwortung. Hat der Einzelne das Recht, in der Gesellschaft sein Leben in absoluter Freiheit, ohne moralische oder religiöse Bindungen zu führen? Hat er keine Verantwortung der Gesellschaft gegenüber? Eine der beiden Hauptfiguren, der Großverbrecher, nimmt dieses Recht auf absolute, uneingeschränkte Freiheit für sich in Anspruch.
Damit zusammen hängt die Problematik von Recht und Gerechtigkeit. Hat der Vertreter der Gesellschaft das Recht, die Gerechtigkeit mit allen Mitteln, auch mit rechtswidrigen, herzustellen, wenn er keine andere Möglichkeit sieht? Was bedeutet das für die Gesellschaft? Der ermittelnde Detektiv meint, er habe dieses Recht, und handelt entsprechend.
So ergibt sich die Frage nach der Macht des Bösen in der Welt. Wie kann der Mensch gegen das Böse vorgehen, das in den Handlungen von Personen zum Ausdruck kommt? Hat er das Recht, das Böse mit dem Bösen zu bekämpfen?

Ein anderes Problem, das den Verfasser beschäftigt, ist das Problem des Zufalls. Dabei stellt sich die Frage nach der Weltanschauung des Menschen. Ist das, was geschieht, die Wirkung des blinden Zufalls? Oder steht der Zufall im Dienst einer höheren Macht?

Aber in Dürrenmatts Roman geht es nicht nur um die Darstellung von Problemen. Der Verfasser hat die Probleme, um die es geht, in der Form des Kriminalromans interessant „verpackt". Der Roman hätte nicht so viele Leser gefunden, wenn er nicht originelle und interessante Hauptfiguren hätte und wenn er nicht so spannend wäre. Er gibt dem Leser Rätsel auf, führt ihn in die Irre, stellt ihm Fallen und löst am Schluss das Verbrechen auf überraschende Weise. Zwar siegt wie in den üblichen Krimis das Gute und der Verbrecher findet seine Strafe. Aber wie das geschieht, das macht den Reiz dieses literarischen Krimis aus.

Inhalt und Aufbau

Die Story

Die Story des Romans ist auf den ersten Blick für den Leser recht verwickelt, da er über die wichtige Vorgeschichte erst später informiert wird. Zu Beginn des Romans wird er in die Schlussphase einer Verfolgung hineinversetzt, die über 40 Jahre dauert. Der Verfolger ist Kriminalkommissär Bärlach, der Verfolgte ist Gastmann, ein überzeugter Großverbrecher und mittlerweile angesehenes Mitglied der oberen Gesellschaft.

Bärlach und Gastmann hatten sich als junge Leute in der Türkei getroffen, über Recht und Gerechtigkeit diskutiert und miteinander gewettet, dass es nicht möglich bzw. möglich sei, ein Verbrechen zu begehen, ohne entdeckt und dafür bestraft zu werden. Gastmann scheint Recht zu behalten, er ermordet unmittelbar nach dieser Wette einen zufällig vorbeigehenden Passanten, ohne dass er vom Augenzeugen Bärlach überführt werden kann. Auch später ist eine Überführung nicht möglich.

Diese Wette bestimmt das Leben der beiden. Bärlach wird ein immer besserer Kriminalist und Gastmann ein immer perfekterer Verbrecher. Sie treffen sich wieder, als der Polizist Schmied, ein enger Mitarbeiter Bärlachs, ermordet wird. Schmied verkehrte in Gastmanns Haus, weil sein Chef ihn auf Gastmann angesetzt hat, um ihn zu überführen.

Mit diesem Mord beginnt der Roman. Bärlach wird mit der Ermittlung betraut. Wegen seines Alters und einer Krankheit lässt er sich den Polizisten Tschanz als Gehilfen zur Seite stellen. Dies tut er, weil er sofort vermutet, dass Tschanz der Mörder seines Kollegen ist. Der Mörder ermittelt also in seiner eigenen Mordsache. Deshalb hat er ein großes Interesse daran, einen anderen mit dem Mord zu belasten, und zwar Gastmann, den Verbrecher großen Stils und Angehörigen der großkapitalistischen Gesellschaft.

Dessen Entlarvung ist wegen Schmieds Ermordung nicht mehr ohne Weiteres möglich, zumal Gastmann alles ihn belastende Material an

sich genommen hat. Bärlach will ihn jedoch um jeden Preis überführen. Er ist wegen einer tödlichen Krankheit in Zeitnot. Deshalb benutzt er jetzt Tschanz als Werkzeug, als Henker, und macht sich dessen Verzweiflung zu Nutze, einen Mörder finden zu müssen.

Tschanz bleibt zu seiner Entlastung nur noch übrig, Gastmann als
Mörder Schmieds zu vernichten, obwohl dieser das Verbrechen nicht
begangen hat. Er erschießt ihn und seine Leibwächter.

Nach dieser Tat erkennt Tschanz, dass Bärlach ihn von Anfang an
durchschaut und als Henker für Gastmann benutzt hat. Deshalb be-
geht er wahrscheinlich Selbstmord.

Übersicht über den Aufbau

Die Handlung des Romans umfasst vier Tage des Jahres 1948, nämlich
die Zeit vom Morgen des 3. bis zum Morgen des 7. November. Ort des
Geschehens ist die Schweiz, und zwar einmal die Gegend um den Bieler See und dem Chasseral, einem Gebirgszug in der Nähe des Sees,
dann aber auch die Schweizer Hauptstadt Bern.

Wie andere Autoren lässt auch Dürrenmatt seinen Roman mit einer
Einleitung (Exposition) beginnen. Sie umfasst die ersten drei Kapitel
und soll einmal den Leser mit Ort und Zeit sowie den Umständen des
Geschehens vertraut machen. Weiter soll sie ihm die Personen vor-
stellen, die Träger des Geschehens sind. Sie soll ihm aber auch die
Voraussetzungen des Geschehens mitteilen, die vor Beginn der Handlung liegen.

Ihr folgen drei Erzählabschnitte (Phasen), in denen die Handlung jeweils einem Spannungshöhepunkt zugeführt wird. Diese Handlungs-
abschnitte werden durch zwei „Zwischenspiele" getrennt, in denen
zusätzliche Gesichtspunkte der Handlung eingeführt und das Geschehen weiter verwickelt wird. In diesen Abschnitten soll der Leser
aber nicht nur in die Irre geführt, sondern auch zum Nachdenken über
das Geschehen und die Motive der möglichen Täter gebracht werden.
Der Roman endet mit einer Art doppeltem Schluss. Das kurze letzte
Kapitel stellt eine Art Nachspiel mit einer überraschenden Wende dar.

Abschnitt	Inhalt/Themen	Kapitel	Seite
Exposition	Der Fund der Leiche des Polizisten Schmied und Bärlachs Verdachtsidee	1 – 3	11 – 27
1. Erzählphase	Der Angriff von Gastmanns Hund, Scheitern von Ermittlungen gegen Gastmann	4 – 7	27 – 48
1. Zwischenspiel	Informationen über Gastmann und Absicht, ihn aus politischen Gründen zu schonen	8 – 10	48 – 64
2. Erzählphase	1. Gespräch Gastmanns mit Bärlach, die frühere Wette zwischen beiden	11 – 12	65 – 76
2. Zwischenspiel	Besuch beim Schriftsteller und Auseinandersetzung Bärlachs mit Tschanz	13 – 15	76 – 90
3. Erzählphase	Attentatsversuch auf Bärlach, 2. Gespräch Bärlachs mit Gastmann, Tötung Gastmanns durch Tschanz	16 – 18	91 – 104
1. Schluss	Tschanz' scheinbarer Sieg: Überführung Gastmanns als Verbrecher	19	104 – 108
2. Schluss	Bärlachs Sieg: Entlarvung von Tschanz als Mörder Schmieds	20	108 – 116
Nachspiel	Tschanz' tödlicher Unfall bzw. Selbstmord, Bärlachs geringe Lebenserwartung	21	116 – 117

Der Gang der Handlung

Exposition (Kap. 1–3)

Kap. 1 (3. 11. 48, morgens):
Der ermordete Polizist Schmied – Kommissär Bärlach in Schmieds Wohnung

Der Roman beginnt mit der Entdeckung des ermordeten Polizeileutnants Schmied von der Kriminalpolizei der Stadt Bern durch Clenin, den Dorfpolizisten des kleinen Ortes Twann. Dieser findet die Leiche im Wagen und identifiziert den Toten mühelos. Da ihm ein solcher Fall noch nicht vorgekommen ist, reagiert er hilflos und dilettantisch: Er lässt die Leiche nicht liegen, sondern drückt ihr den Hut auf den Kopf. Weil er die Schusswunde an der Schläfe nicht sehen kann, lädt er den Toten in sein Auto, befestigt ihn auf dem Beifahrersitz und fährt mit ihm nach Biel. Die Spurensicherung ist so nicht mehr möglich.

Ähnlich hilflos wie Clenin scheint auch Kommissär Bärlach in Bern zu reagieren, der Vorgesetzter des Toten war. Er übernimmt die Aufklärung des Mordfalles Schmied und lobt den Dorfpolizisten ausdrücklich für sein unkriminalistisches Vorgehen. Dies ist für den Leser erstaunlich, denn von Bärlach wird berichtet, dass er lange im Ausland gelebt habe und als tüchtiger Kriminalist geschätzt wurde.

Wichtig für Bärlach ist ein Besuch in der Wohnung des ermordeten Schmied. Dort nimmt er eine Mappe mit Unterlagen mit, die er beim Mittagessen in einem Restaurant sorgfältig studiert. Später erfährt der Leser, dass es sich um Dokumente handelt, die eine Überführung des Großverbrechers Gastmann ermöglicht hätten.

Kap. 2 (3. 11., 14 bis 17 Uhr):
Bärlachs Verdacht – Tschanz als Mitarbeiter

Bärlach setzt eine geheime Untersuchung durch. Er hat zu diesem Zeitpunk schon einen Verdacht, will diesen jedoch dem Untersuchungsrichter Dr. Lutz nicht nennen. Wegen dieses Verdachtes scheint er auf die üblichen Ermittlungsmethoden keinen Wert zu legen. Offenbar verfolgt Bärlach jetzt schon einen genauen Plan zur Entlarvung des Mörders.

Zu diesem Plan gehört auch, dass er sich den Polizisten Tschanz als Mitarbeiter erbittet, angeblich wegen seiner angegriffenen Gesundheit. Wieder erfährt der Leser erst später, dass Bärlach Tschanz schon von Anfang an als Mörder von Schmied im Verdacht hat und somit den Mörder als Ermittler gegen sich selbst einsetzt. Bei der Besichtigung des Tatortes findet Bärlach zufällig die Revolverkugel, mit der Schmied erschossen wurde. Er nimmt sie an sich.

Kap.3 (4. 11., 10 Uhr):
Rekonstruktion der Tat – Bärlach verschweigt seinen Verdacht
Tschanz kommt aus dem Urlaub zurück und meldet sich bei Bärlach. Dieser erschrickt wegen der Ähnlichkeit seines Mitarbeiters mit dem Ermordeten. In dem Gespräch mit Bärlach stellt Tschanz eine Vermutung über den Hergang des Mordes an. Er meint, Schmied habe seinen Mörder gekannt, da er angehalten hatte.

Tschanz hat festgestellt, dass Schmied einen Gesellschaftsanzug getragen, also eine Abendgesellschaft besucht hat. In Schmieds Kalender war für den fraglichen Tag, dem 2. November, und an einigen anderen Tagen ein „G" notiert. Tschanz hat von Dr. Lutz erfahren, dass Bärlach einen Verdacht hat. Als er seinen Chef danach fragt, weigert sich Bärlach jedoch, ihm diesen Verdacht mitzuteilen.

Der Leser erfährt später, warum sich der Kommissär so verhält. Tschanz gegenüber begründet er seine Weigerung jedoch damit, er habe nur eine Idee, wer der Mörder sein könne. Dieser müsse die Beweise gegen sich jedoch noch selbst liefern. Tschanz' Aufgabe sei es, auf wissenschaftliche Weise den Mörder zu finden. Widerstrebend akzeptiert Tschanz diese Arbeitsweise. Er fragt aber, ob Bärlach beim Besuch in Schmieds Wohnung etwas gefunden habe.

Der Leser ist zu diesem Zeitpunkt erstaunt über Bärlachs Reaktion: Er verschweigt Tschanz den Fund der Mappe.

Da in Schmieds Kalender auch für den heutigen Tag, Freitag, 4. November, ein „G" eingetragen ist, will Tschanz nach Lamboing fahren, dem Dorf in der Nähe des Tatorts. Er wundert sich, dass ihn Bärlach begleiten will.

1. Erzählphase (Kap. 4–7)

Kap. 4 (4. 11., 19 Uhr):
Die Fahrt zum Tatort – Die ungewöhnliche Strecke
Die erste Erzählphase beginnt am Abend des zweiten Tages, am Freitag, 4. 11., um 19 Uhr.
Tschanz holt Bärlach ab. Dessen Haus ist unverschlossen, und Tschanz reagiert erschreckt auf ein bedrohliches Schlangenmesser auf dem Tisch der Bibliothek. Bärlach fühlt sich nicht wohl, will aber trotzdem mitfahren.
Tschanz wählt eine etwas ungewöhnliche Strecke auf dieser Fahrt zum Tatort, nämlich die Strecke westlich des Bielersees. Er will Bärlach den Beweis liefern, dass der Ermordete ebenfalls diese Strecke gefahren ist. Sie unterhalten sich über Schmied, und Tschanz weist etwas neidisch darauf hin, dass dieser sich im Gegensatz zu ihm Bildung leisten konnte. Tschanz fragt Tankwarte nach Schmieds auffälligem Wagen, dem „blauen Charon". Einer kann sich erinnern, und Tschanz sieht darin eine Bestätigung für seine Vermutung, dass Schmied diesen Weg gefahren sei.
Auf der Straße von Twann nach Lamboing warten die beiden Polizisten im Auto. Tschanz überrascht Bärlach – und den Leser – mit der Feststellung, dass er Respekt vor Schmieds Mörder habe.

Kap. 5 (4. 11., 20 Uhr):
Warten vor Gastmanns Haus
Nach einiger Zeit kommen einige Autos in Richtung Lamboing, denen die beiden Kriminalisten mit ihrem Wagen folgen. Vor dem Ziel der Wagen, einer Villa, warten sie zuerst und erkunden dann die Umgebung. An der Gittertür ist ein „G" angebracht. Das Haus gehört, wie Tschanz erkundet hat, einem gewissen Gastmann. Das andere „G" verweist im Telefonbuch auf die Gendarmerie, und Tschanz erhält von Bärlach auf seine Feststellung, ein Gendarm hätte sicher nichts mit dem Mord zu tun, die für den Leser erstaunliche Antwort, alles sei möglich.

Kap. 6 (4. 11., 21 Uhr):
Tötung von Gastmanns Hund durch Tschanz – Kein Gespräch mit Gastmann

Die äußere Spannung steigt plötzlich an, als Bärlach von Gastmanns Bluthund angegriffen wird. In ihm sieht er die Verkörperung des Bösen, und damit erwähnt der Erzähler zum ersten Mal das zentrale Thema des Romans. Tschanz tötet das Tier mit einem Schuss aus seiner Waffe und meint, wie auch der Leser zu diesem Zeitpunkt, er habe Bärlach das Leben gerettet.

Der Zwischenfall ist im Hause nicht unbemerkt geblieben. Die Gäste, hochrangige Vertreter der Gesellschaft, beschweren sich über den Lärm und kritisieren den Tod des Hundes. Bärlachs Wunsch, mit Gastmann zu sprechen, wird von dessen Anwalt von Schwendi abgelehnt. Nach diesem Misserfolg wollen sie sich im nahe gelegenen Dorf beim Dorfpolizisten nach Gastmann erkundigen. Bärlach lässt Tschanz alleine fahren und will noch etwas essen. Er erhält im Lokal jedoch nur wenig Informationen, wird aber an einen Schriftsteller verwiesen, der sich oft bei Gastmann aufhalte.

Kap. 7 (4. 11., 22 – 23 Uhr):
Rekonstruktion der Tat – Bärlach überrascht Tschanz – Bärlach war auf den Angriff des Hundes vorbereitet

Als Tschanz Bärlach abholen will, ist dieser nicht im Lokal. Er hält vor Gastmanns Haus und stellt erstaunt fest, dass der tote Hund bereits fortgeschafft wurde. Als Tschanz zum Tatort weiterfährt, wird jedoch sein Auto durch Bärlach gestoppt. Dieser rekonstruiert so den Tathergang. Bärlachs Verhalten und Tschanz' entsetzte Reaktion darauf geben dem Leser einen erneuten Hinweis darauf, dass Bärlach seinen Mitarbeiter für den Mörder hält. Er duzt ihn ab jetzt. So verhalten sich auch andere Kriminalkommissare in der Kriminalliteratur Tatverdächtigen gegenüber.

Bärlachs Verhalten nach der Rückkehr in sein Haus verstärkt den Verdacht des Lesers. Zwar dankt der Kommissär Tschanz für die Lebensrettung, aber er holt einen Revolver aus der Tasche und wickelt dicke Tücher von seinem Arm. Der Leser erkennt: Bärlach war auf den An-

griff des Hundes vorbereitet und hatte Tschanz' Schuss absichtlich bewirkt. Später wird deutlich: Er lässt Tschanz schießen, um in den Besitz einer Kugel aus dessen Waffe zu kommen.
Bärlach treibt also doppeltes Spiel mit seinem Mitarbeiter, um diesen
zu Fehlern zu verleiten und ihn so unter Druck zu setzen. So sagt er zu
ihm, der Mörder solle die Beweise für seine Tat selbst liefern.

Erstes Zwischenspiel (Kap. 8–10)

Kap. 8 (5. 11., 8 Uhr):
Kritik an Bärlachs Vorgehensweise durch Gastmanns Anwalt –
Schmieds Doppelrolle als Polizist und Spion
In den nächsten drei Kapiteln erfährt der Leser das gesellschaftliche
und politische Echo auf das Geschehen. Gastmanns Anwalt und
Freund, der Nationalrat von Schwendi, beschwert sich bei Bärlachs
Vorgesetztem, dem Kriminalrat Lutz, über das Vorgehen des Kommis-
särs einem bedeutenden Mitglied der höheren Gesellschaft gegenü-
ber. Er verlangt, dass Gastmann in Ruhe gelassen werde.

Kap. 9 (5. 11., nach 8 Uhr):
Die politische Ebene des Geschehens – Gastmanns gesellschaftliche
Bedeutung – Forderung nach Schonung Gastmanns – Einschüchte-
rung von Lutz
Lutz lässt sich von Gastmanns Anwalt Schwendi einschüchtern und
verhält sich hilflos, besonders als dieser ihm sagt, die abendlichen
Gesellschaften in Gastmanns Haus seien nur Tarnung gewesen für geheime Verhandlungen von Industriellen mit den Vertretern einer fremden Macht. Politische Interessen stünden auf dem Spiel. Schmied
habe sich unter falschem Namen und mit falscher Berufsbezeichnung
in diese Gesellschaften eingeschlichen. Die Polizei müsse sich also
für ihr undiplomatisches Verhalten entschuldigen.
Lutz ist beeindruckt und verspricht Schwendi, Gastmann zu verscho-
nen, ihm Verhöre zu ersparen und sein Haus nicht zu durchsuchen.
Man müsse sich jedoch möglicherweise auf harmlose Weise einmal
mit ihm unterhalten.

Gerade dadurch, dass Gastmann so nachdrücklich in den Hintergrund gerückt und geschont werden soll, wendet sich ihm das Interesse des Lesers zu: Dieser geheimnisvolle Mann muss wohl doch eine wichtige Rolle spielen.

Kap. 10 (5. 11., gegen Mittag):
Schmieds Beerdigung – Störung durch Gastmanns Diener
Lutz, Bärlach, Tschanz und andere Polizisten nehmen an Schmieds Beerdigung teil, ebenso dessen Freundin Anna. Es regnet in Strömen, und die Feier wird durch einen unliebsamen Zwischenfall erheblich gestört: durch den Auftritt zweier betrunkener Männer, die, wie Bärlach vermutet, von Gastmann geschickt wurden, um ihn zu warnen.

Nach der Lektüre der drei Eingangskapitel weiß der Leser,
– dass der fähige Polizist Schmied, der offensichtlich eine Doppelrolle gespielt hat, ermordet worden ist,
– dass der ermittelnde Kommissär Bärlach die Untersuchung auf recht eigenwillige, ja lässige Weise führt und schon einen Verdacht hat,
– dass dessen Mitarbeiter Tschanz Gastmann in Verdacht hat, der Mörder Schmieds zu sein.

Der Leser vermutet,
– dass Bärlach Schmieds Doppelleben gekannt hat,
– dass er seinen Mitarbeiter Tschanz für den Täter hält,
– dass der geheimnisvolle Gastmann eine wichtige Rolle in diesem Kriminalfall spielt und vielleicht der Mörder ist.

Zweite Erzählphase (Kap. 11–12)

Die 2. Erzählphase hat eine große Bedeutung für den weiteren Ablauf des Geschehens, da sie entscheidende Informationen für seine Deutung bringt. Allein schon von der Stellung im Roman wird die zentrale Bedeutung des 11. Kapitels deutlich: Es steht genau in der Mitte der insgesamt 21 Kapitel.

Kap. 11 (5. 11., nach Mittag):
Gastmann in Bärlachs Haus – Rückblende: Die Wette und ihre Folgen
– Mitnahme der Beweise durch Gastmann

Im Mittelpunkt dieser Erzählphase steht die Begegnung Bärlachs mit Gastmann. Als der Kommissär von der Beerdigung nach Hause kommt, sitzt Gastmann bei ihm in der Wohnung und liest in der Mappe, die Bärlach aus Schmieds Wohnung mitgenommen hat und die Beweise gegen ihn enthält.

Das folgende Gespräch der beiden Männer gibt dem Leser Aufschluss über ihre Beziehung zueinander und über den Sinn ihres Tuns. In einer großen Rückblende werden ihre unterschiedlichen moralischen Einstellungen und die daraus folgenden unterschiedlichen Verhaltensweisen deutlich. Der Leser fängt an zu verstehen, worum es Bärlach eigentlich geht.

Vor über 40 Jahren trafen sie sich in der Türkei und gingen eine Wette ein. Bärlach meinte, es sei nicht möglich, das perfekte Verbrechen zu begehen, da der Zufall jeden Verbrecher einmal entlarven würde. Gastmann widersprach ihm und meinte, die meisten Verbrechen blieben ungesühnt. Um dies zu beweisen, beging er vor Bärlachs Augen einen Mord, den dieser ihm nicht nachweisen konnte.

Von diesem Zeitpunkt an waren beide aneinander gebunden. Gastmann beging immer mehr und schlimmere Verbrechen, und Bärlach konnte sie ihm nie nachweisen. Bärlach wurde ein immer besserer Kriminalist und versuchte Gastmann seiner Verbrechen zu überführen. Dieser wurde ein immer perfekterer Verbrecher, der nie überführt werden konnte.

Gastmann fordert Bärlach auf, die Jagd nach ihm einzustellen, da er nur noch ein Jahr zu leben habe. Zur Warnung wirft er das Schlangenmesser nach ihm, ohne ihn jedoch töten zu wollen. Er nimmt die Mappe mit den Beweisen mit, die Schmied in Bärlachs Auftrag gesammelt hat, und verlässt als vermeintlicher Sieger das Haus.

Kap. 12 (5. 12., Nachmittag):
Bärlach bei Lutz – Lutz hält Gastmann nicht für den Mörder – Bärlachs
Bitte um Krankheitsurlaub – Fahrt zum Schriftsteller
Der Kommissär erleidet einen Schmerzanfall, wovon er sich jedoch
wieder erholt, und geht dann zu seinem Vorgesetzten Lutz. Als dieser
Gastmanns Unschuld am Tode Schmieds behauptet und ihn als ge-
sellschaftlich hochgeschätzten Ehrenmann charakterisiert, stimmt
Bärlach zu Lutz' – und des Lesers – Überraschung zu. Dann fährt er mit
Tschanz in Schmieds Mercedes, den Tschanz mittlerweile gekauft hat,
zu dessen Erstaunen nicht zu Gastmann, sondern zum Schriftsteller.

Der Leser vermutet bzw. erfährt,
- dass Bärlach offensichtlich weniger an Schmieds Mörder, also
  an Tschanz, interessiert ist, sondern dass er den Großverbrecher Gastmann zur Strecke bringen will,
- dass Bärlach Gastmann offensichtlich nicht für Schmieds Mörder hält,
- dass er nach Gastmanns Meinung nur noch ein Jahr zu leben
  hat und deshalb unter Zeitdruck steht, wenn er ihn noch überführen bzw. zur Rechenschaft ziehen will.

Zweites Zwischenspiel (Kap. 13–15)

Kap. 13 (5. 12., später Nachmittag):
Unterhaltung mit dem Schriftsteller über Gastmann – Gastmanns Cha-
rakteristik durch den Schriftsteller
Der Schriftsteller war ebenfalls Teilnehmer an Gastmanns Gesellschaften. In ihm liefert Dürrenmatt ein Selbstporträt. Aber das Gespräch mit ihm ergibt keine neuen Verdachtsmomente gegenüber
Gastmann, obwohl er diesen auf Tschanz' Frage hin für einen schlech-
ten Menschen hält, der zu jedem Verbrechen fähig sei. Der Schriftsteller bezeichnet Gastmann als „Nihilisten", also als einen Menschen, der die ethischen und moralischen Werte verneint.

Kap. 14 (5. 11., gegen Abend):
Streit Bärlachs mit Tschanz über die weitere Vorgehensweise – Bär-
lachs Passivität – Aufforderung an Tschanz, sich selbst zu helfen
Auf der Rückfahrt geraten Bärlach und Tschanz in Streit. Tschanz will
jetzt unbedingt Gastmann aufsuchen und verhören, weil er ihn für den
Täter hält, und drängt Bärlach, diesem Vorhaben zuzustimmen. Bärlach verweist auf die Anordnung von Dr. Lutz, Gastmann zu schonen,
sowie auf sein Alter und seine Krankheit. Tschanz verliert die Beherr-
schung und enthüllt seine Eifersucht gegenüber Schmied. Aber Bärlach bleibt unnachgiebig. Er könne Tschanz nicht helfen, dieser müsse
sich selbst helfen.

Kap. 15 (5. 12., Abend):
Bärlach beim Arzt: notwendige Operation, 1 Jahr Lebenserwartung
Über seine Krankheit erhält Bärlach Auskunft von seinem Hausarzt Dr.
Hungertobel, den er abends besucht. Dieser teilt Bärlach mit, er
müsse ihn innerhalb von drei Tagen operieren und er habe dann trotzdem nur noch ein Jahr zu leben. Hungertobel sagt Bärlach, bei ihm sei
eingebrochen worden und Bärlachs Krankengeschichte habe auf seinem Schreibtisch gelegen. Jetzt weiß Bärlach, woher Gastmann seine
Kenntnis von seiner Krankheit und der ihm verbleibenden Lebenszeit
hat. Er weiß auch, dass er Gastmann innerhalb von drei Tagen zur
Strecke bringen muss.

Der Leser vermutet oder erkennt:
Durch Bärlachs Weigerung, Gastmann zu verhören, wird Tschanz
unter Druck gesetzt und in eine verzweifelte Situation getrieben.
Bärlach hetzt Tschanz auf Gastmann. Er hetzt also den Polizisten,
den er für Schmieds Mörder hält, auf den Großverbrecher, den er
selbst nicht mehr überführen kann, weil er ihm Schmieds Mappe,
das entscheidende Beweisstück, weggenommen hat und weil er
selbst wegen seiner Krankheit keine Zeit mehr hat.
Durch die Mitteilung, Bärlach müsse in drei Tagen operiert werden, wird die Handlung noch weiter beschleunigt.

Dritte Erzählphase (Kap. 16 – 18)

Kap. 16 (6. 11., 2 bis 3 Uhr):
Mordanschlag auf Bärlach in dessen Haus
Diese dritte Erzählphase bringt zu Beginn einen neuen dramatischen Spannungshöhepunkt. Es kommt zur Konfrontation Bärlachs mit einem Unbekannten, der in seine Bibliothek eindringt und ihn töten will. Er trägt braune Handschuhe, das ist das Einzige, was Bärlach erkennt. Nach dem Angriff von Gastmanns Hund und Gastmanns Besuch bei ihm ist dies die dritte lebensbedrohliche Situation, in die er gerät. Der Kampf ist schwierig, der Unbekannte hat das Gesetz des Handelns an sich gerissen, Bärlach ist in Verteidigungsstellung. Aber er reizt den Unbekannten zum Messerwurf, dem er ausweichen kann. Durch Schüsse aus dem Fenster, welche die Nachbarn wecken, gelingt es ihm, den Unbekannten in die Flucht zu schlagen.
Der Leser vermutet, dass es sich bei dem Unbekannten um den verzweifelten Tschanz handelt, aber er weiß es nicht genau, denn Tschanz trägt, als er von Bärlach herbeigerufen wird, keine braunen Handschuhe. Aber er sieht eigenartig aus und verhält sich verdächtig: Als er Bärlachs Haus verlassen hat, will er zurückkehren, möglicherweise um Bärlach zu töten. Aber daran hindert ihn die jetzt verschlossene Tür.

Kap. 17 (6. 11., 3.30 bis 6 Uhr):
Tschanz bei Bärlach – Gastmann bedroht Bärlach im Taxi – Bärlach kündigt Gastmann den Henker an
Braune Handschuhe trägt dagegen Gastmann, der nach Bärlachs Meinung nicht Schmieds Mörder ist. Er erwartet Bärlach in seinem Wagen, als dieser mit einem Taxi in seinen Krankenurlaub aufbrechen will, und warnt ihn, sich weiter mit ihm zu beschäftigen. Der Kommissär müsse seine Niederlage akzeptieren.
Bärlach lässt sich davon nicht beeindrucken. Er sagt Gastmann, er habe nie geglaubt, dass er Schmieds Mörder sei. Er werde ihn jedoch richten: Der Verbrechen, die er begangen habe, habe er ihn nicht überführen können. Aber er werde ihn für das Verbrechen, das er nicht be-

gangen habe, durch seinen Henker töten lassen. Gastmann erkennt die Gefahr und droht Bärlach, ihn nach seiner Operation zu töten.

Kap. 18 (6. 11., morgens):
Tschanz' Gang zu Gastmann – Tötung Gastmanns und seiner Diener
Tschanz wartet nach der Kirche auf Anna, Schmieds Freundin. Ihr verspricht er, an diesem Tage noch Schmieds Mörder zu stellen. Sie verspricht zögernd, ihn dann zu heiraten. Er steht unter erheblichem Druck und muss Gastmann töten, um den Verdacht von sich abzulenken.
Deshalb geht er wie in Trance den Berg hinauf zum Hause Gastmanns, wo dieser und seine beiden Leibwächter im Begriffe sind abzureisen. Gastmann erkennt, was Bärlach mit seiner Andeutung vom Henker gemeint hat. Ein Leibwächter schießt auf Tschanz, aber dieser wird nur leicht verwundet und kann die beiden Leibwächter und Gastmann erschießen.

Der Leser erkennt:
Nach dem missglückten Mordversuch an ihm und der Begegnung mit Gastmann im Taxi setzt Bärlach Tschanz so unter Druck, dass dieser in seiner Verzweiflung und Angst, nicht selbst als Mörder Schmieds entlarvt zu werden, Gastmann erschießen muss. Damit ist er zum Werkzeug seines Chefs, zum Henker von Gastmann geworden. So hat Bärlach sein Ziel erreicht.

Erster Schluss (Kap. 19)

Kap. 19 (7. 11. , morgens):
Identifizierung Gastmanns – Tschanz' Erfolg: Entlarvung Gastmanns als Schmieds Mörder – Abschied Bärlachs vom toten Gastmann
Der Konflikt, die unerbittliche Auseinandersetzung zwischen Bärlach und Gastmann, scheint seinen Abschluss gefunden zu haben. Bärlach scheint sich getäuscht zu haben: Er vermutete bis jetzt in Tschanz den Mörder Schmieds. Aber die nachfolgenden Untersuchungen ergeben:

Die Kugel, die Schmied tötete, kam aus der Waffe, die einer von Gastmanns Dienern in der Hand hält, als das Überfallkommando die Leichen findet. Tschanz, der bei der Schießerei nur leicht verwundet wurde, scheint also nicht Schmieds Mörder zu sein, wie Bärlach – und mit ihm der Leser – zu glauben schien.

Nach der Lektüre von Gastmanns Tagebüchern stellt Kriminalrat Lutz fest, dass Schmied seinen privaten Ehrgeiz, Gastmann im Alleingang zu überführen, mit dem Leben bezahlt habe. Weiter meint er zu Bärlach, der aus seinem Urlaub zum Tatort kommt, Tschanz habe mit seinem Verdacht Gastmann gegenüber im Gegensatz zu ihnen beiden Recht gehabt. Man werde ihn befördern müssen.

Bärlach schweigt, betrachtet den toten Gastmann und denkt an die Vergangenheit, an die Wette, die er jetzt wohl gewonnen hat.

Der irritierte und überraschte Leser stellt fest:
Tschanz ist offensichtlich doch nicht Schmieds Mörder, sondern Gastmann, wie der Polizist schon immer vermutet hat. Bärlach hat sich getäuscht, als er seinen Mitarbeiter für den Mörder hielt. Bärlachs Drohung, Gastmann für einen Mord hinzurichten, den er nicht begangen hat, scheint ins Leere gegangen zu sein: Offensichtlich hat er Schmied ermordet, also einen Mord begangen. Aber die Gerechtigkeit scheint sich durchgesetzt zu haben, denn Gastmann ist tot.

Zweiter Schluss (Kap. 20)

Kap. 20 (7. 11., abends):
Die Ess-Orgie – Tschanz' Entlarvung als Schmieds Mörder – Aufklärung von Tschanz über seine Rolle als Werkzeug Bärlachs
In diesem Kapitel werden diese Ergebnisse als trügerisch und falsch entlarvt. Bärlach lädt Tschanz zur Feier von dessen Sieg ein. Der magenkranke Kommissär feiert mit der Ess-Orgie in Wirklichkeit seinen eigenen Sieg über Gastmann. Seinem verwirrten Mitarbeiter weist er mit einer lückenlosen Indizienkette nach, dass er Schmied ermordet

hat. Dies habe er, Bärlach, von Anfang an gewusst. Die Revolverkugel, mit der Tschanz Gastmanns Hund erschossen hat, stamme aus der gleichen Waffe wie die Kugel, mit der Schmied ermordet worden sei. Tschanz habe Gastmanns Diener dann seinen eigenen Revolver in die Hand gedrückt. Bärlach nennt auch Tschanz' Motive für den Mord: Neid und Eifersucht auf Schmied wegen dessen beruflichen und persönlichen Erfolgs. Bärlach habe Gastmann gewarnt, um den tödlichen Kampf zwischen ihm und Tschanz herbeizuführen.

Bärlach sagt Tschanz ausdrücklich, dass er ihn als Werkzeug, als Henker, benutzt habe, um sein Ziel, die Vernichtung Gastmanns, zu erreichen, die ihm auf legale Weise nach Schmieds Ermordung nicht möglich gewesen sei.

Tschanz erkennt seine ausweglose Situation und macht den unsicheren Versuch, Bärlach zu töten. Aber dieser hält ihn davon ab durch die – möglicherweise falsche – Mitteilung, Lutz wisse von der Zusammenkunft und die Bedienung sei noch im Haus. Er verspricht jedoch Tschanz, ihn nicht zu verraten.

Der abermals verblüffte und verwirrte Leser erkennt, dass er doch Recht gehabt hat mit seiner Vermutung, dass Tschanz der Mörder Schmieds sei. Er erkennt auch, dass Bärlachs Verhalten und Ermittlungsmethode nicht dilettantisch, sondern im höchsten Maße raffiniert und planmäßig waren. Im Gegensatz zur Öffentlichkeit erfährt der Leser die Wahrheit.

Nachspiel (Kap. 21)

Kap. 21 (8. 11., morgens):
Tschanz Autounfall – Bärlachs kurze Lebenserwartung
Auch mit dem eigentlichen Schluss, der die Wahrheit ans Licht bringt, endet der Roman nicht. Der Gerechtigkeit ist noch nicht Genüge getan. Durch die Ess-Orgie ist Bärlach dem Tode nahe. Von Lutz erfährt er am nächsten Morgen, dass Tschanz mit seinem Wagen tödlich verunglückt sei. Der Verdacht auf Selbstmord liegt nahe.

Oberflächlich gesehen ist damit der Gerechtigkeit Genüge getan. Beide Verbrechen sind gesühnt: Gastmann ist seiner gerechten Strafe nicht entgangen. Der Mörder Tschanz hat sich selbst gerichtet. Ihm und möglicherweise auch Bärlach bleiben weitere Untersuchungen erspart. Aber Bärlach ist mit seiner Todesangst allein.

Die Tage des Geschehens

Tag	Zeit	Kap.	Geschehen
Donnerstag, 3. Nov. 1948	morgens	1	Der Dorfpolizist von Twann findet den ermordeten Polizeileutnant Schmied in dessen Wagen.
	14 Uhr	2	Bärlach hat einen Verdacht. Tschanz wird Assistent. Der Fund der Kugel.
Freitag, 4. Nov. 1948	10 Uhr	3	Tschanz meldet sich bei Bärlach.
	19 Uhr	4	Tschanz fährt mit Bärlach nach Lamboing, dem Tatort.
	20 Uhr	5	Unterhaltung im Auto: Tschanz äußert Vermutung über den Täter: Er hat Gastmann in Verdacht.
	21 Uhr	6	Tschanz erschießt Gastmanns Hund, der Bärlach anfällt.
	22 Uhr	7	Bärlach stoppt Tschanz überraschend auf der Fahrt zum Tatort. Bärlach war bewaffnet und auf den Hund vorbereitet.
Samstag, 5. Nov. 1948	8 Uhr	8,9	Bemühungen von Schwendis, Gastmanns Anwalt, seinen Klienten aus den Ermittlungen herauszuhalten.
	nach 8 Uhr		

Tag	Zeit	Kap.	Geschehen
	gegen Mittag	10	Gastmanns Diener stören massiv die Beerdigung.
	mittags	11	Gastmann erwartet Bärlach in dessen Haus und nimmt das Beweisstück (Schmieds Mappe) an sich. Vorgeschichte (Wette).
	Nach-mittag	12	Bärlach bittet um Krankheits-urlaub. Fahrt zum Schriftsteller.
	nach-mittags	13	Bärlach und Tschanz sprechen mit dem Schriftsteller.
	gegen Abend	14	Streit zwischen Bärlach und Tschanz um das Vorgehen gegen Gastmann.
	Abend	15	Bärlach erhält von seinem Arzt Auskunft über seine Krankheit.
Sonntag, 6. Nov. 1948	2 Uhr	16	Mordanschlag auf Bärlach in seinem Haus.
	früh-morgens	17	Gastmann erwartet Bärlach in seinem Auto. Bärlach spricht Gastmanns Urteil.
	morgens	18	Tschanz erschießt Gastmann und dessen Diener.
Montag, 7. Nov. 1948	morgens	19	Bärlachs Chef Lutz sieht den Fall als aufgeklärt an, Bärlach besucht den toten Gastmann.
	abends	20	Die Ess-Orgie. Bärlach entlarvt Tschanz als Schmieds Mörder.
Dienstag, 8. Nov. 1948	morgens	21	Bärlach erfährt von Tschanz' tödlichem Unfall.

Die Personen

Die Zahl der Personen ist beschränkt, wie bei Krimis üblich. Im Mittelpunkt des Geschehens steht der Berner Kriminalkommissär Bärlach. Er hat als Einziger die Übersicht über das gesamte Geschehen und hält die Fäden in der Hand. Er ist auch die einzige Person, über die der Leser genauere Informationen erhält, und zwar über seine Vergangenheit, seine berufliche Karriere, seinen Gesundheitszustand, seine Einstellungen und Lebensgewohnheiten.

Die Persönlichkeit seines Gegenspielers Gastmann wird vom Verfasser weniger ausgeprägt dargestellt. Zuerst erhält der Leser von anderen Menschen Informationen über ihn, er erfährt, was sie von ihm halten. Außerdem teilt Gastmann seine weltanschauliche Grundeinstellung selbst mit. Das Prinzip, das er verkörpert, wertet ihn zum eigentlichen Kontrahenten Bärlachs auf.

Dessen „Henker" Tschanz wird als tüchtiger Kriminalist dargestellt. Als Persönlichkeit bleibt er Mittelmaß. Er ist der typische Mörder aus niedrigen Motiven, der seinen Mord mit Hilfe seiner kriminalistischen Fähigkeiten zu verschleiern sucht.

Dem Schriftsteller verleiht der Verfasser eine gewisse Individualität. Er hat die Aufgabe, Gastmanns Charakter und dessen Einstellung näher zu deuten.

Die Vertreter des Polizeiapparats haben keine individuellen Züge. Sie werden vom Verfasser oft ironisch witzig als wenig fähige Typen dargestellt. Das gilt für die einfachen Polizisten (Clenin, Charnel), besonders aber für deren Vorgesetzten Lutz, den Chef der Ermittlung im Mordfall Schmied. Er lässt sich unter Druck setzen und bleibt bis zum Schluss ahnungslos in Bezug auf das Geschehen und die Aufklärung des Falles. Derjenige, der diesen Druck auf Lutz ausübt, ist Gastmanns Rechtsanwalt, der Oberst und Nationalrat von Schwendi. Er ist der Vertreter des Machtkomplexes von Politik, Militär und Wirtschaft. Er ist Lutz durch sein Auftreten, seine Beziehungen und sein rednerisches Geschick überlegen und setzt ihn massiv unter Druck.

Die Personenkonstellation

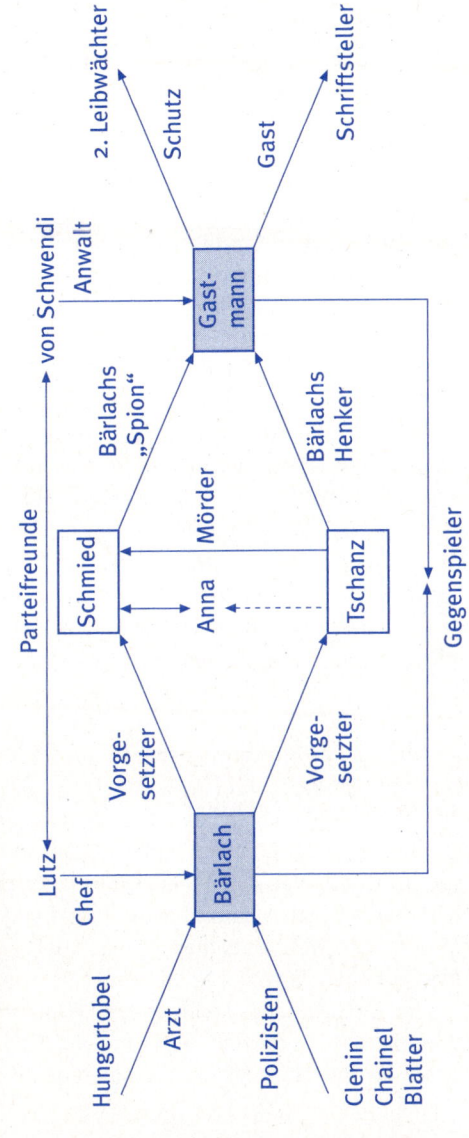

Bärlach

Dass Bärlach die Hauptperson ist, die im Mittelpunkt der Handlung steht, erkennt der Leser daran, dass alle anderen Personen mit ihm zu tun haben und auf ihn bezogen sind.

Bärlach lebt als Junggeselle von über 60 Jahren (vgl. 10) allein. Er ist starker Raucher und trinkt gern ein Glas Wein. Seine Liebe gehört der Kochkunst. Darüber spricht er mit dem Schriftsteller ausführlich (vgl. 79). Diese Gewohnheiten kennzeichnen ihn als einen genussfreudigen Menschen. Allerdings leidet er an Magenkrebs und muss Diät halten. Die Krankheit ist bereits im fortgeschrittenen Stadium, deshalb hat er schmerzhafte Anfälle (vgl. 73) und weiß, dass er trotz einer bevorstehenden Operation nicht mehr lange zu leben hat. Der Gedanke an diese Krankheit macht ihn „demütig" (90) und lässt ihn die Frage nach dem Wesen des Menschen stellen (vgl. 73).

Gastmann verachtet Bärlachs kleinbürgerliche Lebensweise (vgl. 71). Aber Bärlach hat sich einen Freiraum geschaffen. Er hat schon früh seinen Horizont geweitet, die enge Heimat verlassen und im Ausland erfolgreich kriminalistisch gearbeitet. In Konstantinopel traf er Gastmann, mit dem er die folgenreiche Wette abschloss. Als er dann in Frankfurt arbeitete, ohrfeigte er einen „hohen Beamten" (13), was seine Zivilcourage deutlich macht. So wurde er zum Außenseiter und Einzelgänger.

Nach der Rückkehr nach Bern wahrt Bärlach seinen Freiraum auch seinem Chef Dr. Lutz gegenüber (vgl. 17, 19, 60). Im Gegensatz zu diesem lässt sich Bärlach nicht von Höhergestellten beeindrucken und beeinflussen, so auch nicht von dem aufgebrachten und völlig „desorientierten" Nationalrat von Schwendi (vgl. 40). Als er sich trotz Tschanz' dringender Bitte nicht bewegen lässt, mit Lutz über die Aufhebung der Schonung von Gastmann zu sprechen, tut er dies nicht aus Gehorsam seinem Vorgesetzten gegenüber. Er will seinen Mitarbeiter unter Druck setzen und als „Henker" Gastmanns benutzen. Seine Unabhängigkeit zeigt sich auch darin, dass er den Mörder Schmieds nicht der Polizei ausliefert, wie es seine Pflicht gewesen wäre, sondern ihn sich selbst überlässt.

Bärlach verhält sich nur scheinbar dilettantisch, wenn er sagt, er lese keine Protokolle (vgl. 24), und wenn er den ungeschickten Polizisten Clenin für sein Vorgehen noch lobt (vgl. 20). In Wirklichkeit handelt er nach einem ausgeklügelten Plan. Dies verbirgt er Tschanz gegenüber, der wissen will, gegen wen sich sein Verdacht richtet (vgl. 25f.). Dass er sein Vorgehen schon zu Beginn des Geschehens sorgfältig plant, sagt er Tschanz während der Ess-Orgie: „Alles was ich tat, geschah mit der Absicht, dich in die äußerste Verzweiflung zu treiben" (115).

Bärlachs Wesen ist zwiespältig. Einmal tritt er als Biedermann auf, als etwas kauziger Beamter, der seinem Amt wegen seines Alters und seiner Krankheit nicht mehr gewachsen ist und von seinem Vorgesetzten Lutz wegen seiner altmodischen Auffassung von polizeilichen Ermittlungen nachsichtig behandelt werden muss. Aber diese Tarnung verbirgt ein menschenverachtendes Spiel. Vom Zufall begünstigt, bringt er mit raffinierten Methoden den Mörder Schmieds dazu, seinen eigentlichen Gegner Gastmann zu töten.

Auf diese andere Seite seines Wesens verweist schon frühzeitig seine vorausdeutende und warnende Selbstkennzeichnung als „großer alter schwarzer Kater, der gern Mäuse frißt" (25). Ebenso gehört dazu die Faszination, die das „Rätsel" des Bösen auf ihn ausübt (vgl. 37). Diese Anfälligkeit gegenüber dem Bösen lässt ihn paradoxer Weise den Sieg über Gastmann erringen: Solange er sich an die Regeln hält und Gastmann mit legalen Mitteln überführen will, gelingt ihm dies nicht. Erst als er diese Regeln verletzt und illegal handelt, kommt er zu seinem Ziel.

Erst am Ende des Geschehens erkennt der Leser die Skrupellosigkeit und „übermenschliche Überlegenheit" Bärlachs, den der Erzähler als „grauenvollen Alten" (110) und als „Tiger, der mit seinem Opfer spielt" (112) kennzeichnet. In der Ess-Orgie, dem „letzten Spiel" (116) des „unerbittliche(n) Schachspieler(s) (113), wie der Erzähler kommentiert, täuscht er Tschanz ein letztes Mal, als er vorgibt, er sei nicht krank (vgl. 111). Dadurch gelingt es ihm, seinen entsetzten und verzweifelten Mitarbeiter völlig zu verwirren. Bärlachs dämonische Überlegenheit über ihn ist jetzt so groß, dass Tschanz den Gedanken an eine Ermordung Bärlachs sofort wieder aufgibt.

Aber Bärlach ist tatsächlich „todkrank" (117). Nachdem Tschanz ihn verlassen hat, bricht er zusammen, da, wie der Erzähler schreibt, „die ungeheure, gierige Lebenskraft (...) zu erlöschen" drohte (116).

Bärlach scheitert. Er ist ein Moralist, also ein Mensch, der sein ganzes Leben in den Dienst der Gerechtigkeit gestellt hat und dieser mit allen Mitteln zum Sieg verhelfen will. Er hat sich im Namen der Gerechtigkeit anfangs vorgenommen, den Verbrecher Gastmann auf legale Weise zu überführen. Dies ist ihm zeitlebens nicht gelungen, und er muss sich jetzt illegaler, „böser" Mittel bedienen, um diesen zu bestrafen und sein Ziel zu erreichen. So stellt er sich in dieser Hinsicht auf die gleiche Stufe mit Gastmann.

Gastmann

Bärlachs Gegenpol und Widersacher ist Gastmann. Er wird dem Leser zuerst durch die widersprüchlichen Schilderungen anderer Personen vorgestellt, bevor er selbst in Erscheinung tritt:

– Für den Dorfpolizisten Charnel ist er ein vornehmer, steinreicher, großzügiger „Philosoph" (44), der dem Dorf viele Steuern zahlt und deshalb der „sympathischste Mensch im ganzen Kanton" ist (44).

– Sein Anwalt, der Nationalrat von Schwendi äußert sich genauer über Gastmanns gesellschaftliche Position. Jahrelang sei er „Gesandter Argentiniens in China" gewesen, außerdem „Verwaltungspräsident des Blechtrusts" (56). Er habe eine solche innere Unabhängigkeit besessen, dass er es ablehnen konnte, „in die Französische Akademie gewählt zu werden" (58).

– Bärlachs Vorgesetzter Lutz steuert Informationen bei: Gastmann sei in Sachsen geboren, „Sohn eines Großkaufmanns (...), erst Argentinier (...), dann Franzose (...). Er trägt das Kreuz der Ehrenlegion und ist durch Publikationen über biologische Fragen bekannt geworden" (74).

Für den Leser ergibt sich das schillernde Bild eines weit gereisten, abenteuerlichen, einflussreichen Mannes von Welt, der in den höchsten Kreisen verkehrt und offensichtlich erhebliches Ansehen im politischen, wirtschaftlichen und wissenschaftlichen Bereich genießt. Diese Rolle dient Gastmann als Tarnung, die es ihm ermöglicht, sein Leben frei von allen moralischen Bindungen zu führen.

Gastmann selbst rückt dieses Bild zurecht. Bei seinem nächtlichen Besuch in Bärlachs Wohnung kommt er auf die Vergangenheit zu sprechen: Er ist in Lamboing geboren und als Dreizehnjähriger weggelaufen (vgl. 71). Später beginnt seine Karriere als Großverbrecher. Als solcher führt er ein wechselvolles Leben, „aus Übermut das Gute übend, wenn ich Lust dazu hatte, und wieder aus einer anderen Laune heraus das Schlechte liebend" (71).

In der nächtlichen Unterhaltung mit Bärlach in dessen Wohnung wird deutlich, dass er damals seine Gegenthese, die „Verworrenheit der menschlichen Beziehungen" mache es möglich, dass Verbrechen nicht aufgedeckt und nicht geahndet werden, nicht aus Überzeugung aufgestellt hat, sondern „mehr um zu widersprechen" und „aus Übermut" (68f.).

Diese Reaktion zeigt ebenso seine Spielernatur wie die folgende Wette, dass er einen „perfekten" Mord begehen könne. Nur weil er sich von Bärlachs rechtlichem Denken provoziert fühlt, ermordet er den Kaufmann, ohne dass Bärlach ihm den Mord nachweisen kann.

Nach Schmieds Ermordung sieht sich Gastmann als Sieger. Er weiß, dass Bärlach nicht mehr viel Zeit bleibt, und hat die ihn belastenden Beweise an sich genommen. Weil Bärlach ihn wieder einmal nicht überführen kann, tötet er ihn nicht, obwohl er es mit dem Schlangenmesser tun könnte.

Die aufschlussreichste Charakterisierung von Gastmanns Lebenseinstellung geschieht durch den Schriftsteller. Dieser ist der Meinung, Gastmann sei ein „Nihilist", weil er „das Gute ebenso aus einer Laune, aus einem Einfall heraus tut wie das Schlechte" wobei „ der Zufall entscheidet" (82). Er ist für den Schriftsteller ein Fanatiker der Freiheit, allerdings zum Bösen hin, der „Freiheit des Nichts" (83).

Das bedeutet: Gastmann geht es um hemmungslose Selbstverwirklichung. Für ihn gilt keine Menschlichkeit, keine Verantwortung der Gesellschaft gegenüber. Er strebt nach der individuellen Freiheit, die jede Verantwortung ablehnt. Sein Lebensziel ist die absolute Freiheit von ethischen und moralischen Maßstäben.

Wenn Gastmann zu Bärlach sagt: „Wir liebten uns auf den ersten Blick" (67), so verweist er damit auf grundsätzliche Ähnlichkeiten zwischen sich und seinem ewigen Verfolger. Beide sind Spieler. Gastmann war schon damals in der Türkei „gierig" auf sein Leben. Der todkranke Bärlach isst „gierig die Speisen dieser Welt" (110). Beide sind fest davon überzeugt, richtig zu handeln. Beide sind Fanatiker, die mit allen Mitteln ihr Ziel verfolgen und dabei über Leichen gehen.

Aber in diesem Ziel liegt der Unterschied. Gastmann will die Möglichkeit, je nach Laune gut oder böse handeln zu können, die absolute Selbstverwirklichung, die absolute Freiheit ohne Anerkennung ethisch-moralischer Maßstäbe.

Bärlach setzt sein Leben dafür ein, Verbrechen aufzuklären und der Gerechtigkeit, wie er sie versteht, zum Sieg zu verhelfen. Er fragt aber dabei nicht nach der Rechtmäßigkeit der Mittel.

Gastmann will die Freiheit zum Bösen. Bärlach bekämpft das Böse und will die Freiheit zum Guten. Deshalb sind sie Feinde trotz ihrer Gemeinsamkeiten.

Tschanz

Gastmann ist der weltanschauliche Großverbrecher, Tschanz der „gewöhnliche" Verbrecher. Neid, beruflicher Ehrgeiz, Eifersucht, Hass auf seinen erfolgreichen Kollegen sind seine Motive.

Schmied „hatte reiche Eltern und durfte das Gymnasium besuchen", begründet Tschanz seine Unwissenheit in Bezug auf die Bedeutung des Namens „Charon" (30), wie Schmied seinen blauen Mercedes nannte. Schmied war ein glänzender Kriminalist, den Tschanz nicht nur wegen seines beruflichen Erfolges beneidete, sondern auch wegen seines Autos, seiner Verlobten und wegen der Wertschätzung, die er bei seinen Vorgesetzten genoss.

Sein Wunsch war, den Rivalen aus dem Weg zu räumen und es ihm gleichzutun, sogar bis zur Lächerlichkeit. Immer mehr schlüpft er in die Rolle seines Opfers. Deshalb trägt er, als er aus dem Urlaub zu Bärlach kommt, den „gleichen Mantel wie Schmied und einen ähnlichen Filzhut" (22), so dass Bärlach bei seinem Anblick erschrickt. Er geht sogar so weit, dass er sich Schmieds Auto kauft und sich mit dessen Verlobter Anna verloben will (vgl. 101).

Tschanz muss einen Mörder haben, damit der Verdacht nicht auf ihn fällt. Gastmann bietet sich als Täter an. Aber dieser wird immer mehr durch Lutz und schließlich auch durch Bärlach nach dem Besuch beim Schriftsteller aus dem Gesichtsfeld der Ermittler geschoben. Dadurch muss der Verdacht immer mehr auf Tschanz fallen. Weil ihm der notwendige Täter abhanden zu kommen droht, gerät er in Panik.

Deshalb brechen seine Aggressionen und Frustrationen durch, und der Leser erkennt in seinen Äußerungen die Tatmotive Neid und Eifersucht: „Jahrelang bin ich im Schatten gestanden (...). Immer hat man mich übergangen, mißachtet, als letzten Dreck benutzt, als besseren Briefträger! (...) Und jetzt (...), da ich einmal eine Chance habe, soll alles wieder für nichts sein, soll meine einmalige Gelegenheit hinaufzukommen in einem blödsinnigen diplomatischen Spiel zugrunde gehen!" (87)

Am Ende glaubt Tschanz, sein Ziel erreicht und den Aufstieg geschafft zu haben. Sein Vorgesetzter Lutz ist getäuscht und meint, er werde ihn „befördern müssen" (107). Aber Bärlach zerstört in der Enthüllungsszene (Kap. 20) vollständig Tschanz' Selbstbewusstsein, indem er seine Motive rücksichtslos bloßstellt: Tschanz sei „eifersüchtig auf (Schmieds) Erfolg, auf seine Bildung, auf sein Mädchen" (113) gewesen. Deshalb habe er beschlossen, „Schmied zu töten, um einmal selber Erfolg zu haben" (113). Den Mord habe er Gastmann angelastet, und jetzt habe er, was er wollte, „seinen Erfolg, seinen Posten, seinen Wagen und sein Mädchen" (113).

Tschanz sieht sich vollständig entlarvt und ist innerlich zerstört, da er erkennt, nur Bärlachs Werkzeug gewesen zu sein. Ihm bleibt nur noch der Selbstmord durch einen herbeigeführten Unfall.

Der Schriftsteller

Dem Schriftsteller kommt die Aufgabe zu, Gastmanns Position zu erläutern und dessen Verhalten zu deuten.

Bärlach und Tschanz besuchen den Schriftsteller, weil er ebenfalls zu den Gästen Gastmanns gehörte. In ihm karikiert sich Dürrenmatt selbst, eine „dunkle Masse" (79), „bekleidet mit einem Overall und einer braunen Lederjacke" (76).

Der Schriftsteller äußert sich zuerst allgemein über das Verhältnis der Schriftsteller zur Gesellschaft. Als Bärlach ihm sagt, dass er ihm den Mord nicht zutraue, beklagt er ironisch, dass die Schriftsteller „in der Schweiz aufs traurigste unterschätzt" würden (77). Aber es tröstet ihn, dass man ihn wenigstens für „mordverdächtig" hält: „Auch eine Art schriftstellerischer Erfolg!" (78), stellt er fest. Bärlach erkennt, dass aus dieser ironischen Bemerkung die „Eitelkeit des Schriftstellers, daß er ernst genommen werden wolle", spricht (78).

Der Schriftsteller beschreibt in diesem Gespräch mit den beiden Kriminalisten seine Aufgabe so, wie er sie sieht: „Er sei eben auch eine Art Polizist (...), aber ohne Macht, ohne Staat, ohne Gesetz und ohne Gefängnis hinter sich. Es sei auch *sein* Beruf, den Menschen auf die Finger zu sehen" (81). Damit gibt er selbst das Stichwort und kommt auf den eigenartigen Eindruck zu sprechen, den Gastmann wegen seiner Lebensführung und Weltanschauung auf ihn macht.

Der Schriftsteller ordnet die Menschen in Kategorien ein: Es gebe drei Typen von Menschen:
- den Menschen, der aus seinen Moralvorstellungen heraus das Gute will,
- den, der das Böse aus seiner unmoralischen Einstellung heraus will und tut,
- und den, der jenseits aller Moralvorstellungen stehe und Böses und Gutes aus bloßer Laune, aus Zufall tut.

Zu diesem dritten Menschentyp, dem des „Nihilisten" (82), gehöre Gastmann. Einen solchen Menschen in der Realität zu „studieren" (83), sei für ihn als Schriftsteller faszinierend. Er hält ihn für einen

„schlechte(n) Mensch(en) (83), meint aber, dass er den Mord an Schmied nicht begangen habe, da er nicht seiner Einstellung entspräche.

Der Schriftsteller durchschaut auch Bärlach. Als dieser ihn am Ende des Gesprächs fragt, ob das Bild des Schriftstellers von Gastmann der Wirklichkeit entspräche oder nur ein Bild seiner „Träume" sei, antwortet dieser ihm: „Unserer Träume" (84), worauf Bärlach schweigt. Das bedeutet, dass der Typ, den Gastmann verkörpert, auch Bärlach nicht fremd ist: Er ist jemand, der seine Grundsätze in Bezug auf Gerechtigkeit mit allen Mitteln durchsetzen will. Gastmann ist sein Gegenpol, das weiß er seit der Wette vor 40 Jahren und das deutet ihm in diesem Gespräch der Schriftsteller an.

Die vier Personen verkörpern unterschiedliche Positionen:

1. Bärlach ist ein Moralist. Er ist der Fanatiker des Rechts. Er verwendet illegale Mittel, um die Gerechtigkeit, wie er sie sieht, herzustellen. Dabei beschädigt er diese Gerechtigkeit.
2. Gastmann ist ein Nihilist. Er ist Fanatiker der individuellen Freiheit. Er handelt jenseits von Gut und Böse, ohne jede Verantwortung und erkennt keine ethischen Normen an. Seine Verbrechen sind Ausdruck hemmungsloser Freiheit.
3. Tschanz ist ein Durchschnittsverbrecher. Er mordet aus niederen Motiven. Diese sind Frustration, Neid, Eifersucht, Ehrgeiz.
4. Obwohl der Schriftsteller keine Hauptperson ist, hat er eine Bedeutung für den Leser. Er durchschaut Gastmann und hilft dem Leser, das Verhalten und die Einstellung Gastmanns zu verstehen.

Themen und Probleme

Es geht Dürrenmatt in seinem Roman nicht in erster Linie um äußeres Geschehen oder reine Spannungsentwicklung wie in den üblichen Krimis. Er benutzt das äußere Geschehen, um den Leser mit Problemen zu konfrontieren, die für ihn selbst und für sein Verhalten zur Gesellschaft von großer Bedeutung sind. Außerdem übt der Verfasser Kritik an der Gesellschaft.

Die Wette

Inhaltlicher und formaler Mittelpunkt des Romangeschehens ist nicht der Mord an Schmied, sondern die Wette zwischen Bärlach und Gastmann, die 40 Jahre vor dem jetzigen Geschehen abgeschlossen wurde. Sie ist der gedankliche Höhepunkt des Geschehens. Bei dieser ersten Begegnung der beiden Gegenspieler wird dem Leser die Vorgeschichte der Handlung, eben diese Wette, in einer Rückblende zur Kenntnis gebracht. Auf diese Weise wird er über Standpunkte, Motive, Ursachen und Folgen informiert, die er allerdings zu diesem Zeitpunkt mit dem bisherigen Geschehen noch nicht verbinden kann.

Beide trafen sich damals in Konstantinopel. Bärlach war ein junger Polizist im türkischen Dienst, Gastmann ein „herumgetriebener Abenteurer" (67). Beide hatten die Überzeugung von der „menschlichen Unvollkommenheit" (68). Der Mensch könne deshalb die Handlungsweise anderer „nie mit Sicherheit" (68) voraussagen und vermöge „den Zufall, der in alles hineinspielt", nicht in seine „Überlegungen einzubauen" (68). Gemeinsam glauben sie also an die Beschränktheit der menschlichen Vernunft und die Herrschaft des Zufalls.

Beide zogen allerdings gegensätzliche Schlüsse aus dieser gemeinsamen Überzeugung. Bärlach stellte die These auf, dass aus diesen Gründen die meisten Verbrechen entdeckt würden (vgl. 68). Er ist also der Auffassung, es sei wegen des Einflusses des Zufalls unmöglich, Verbrechen auf Dauer dem Zugriff des Detektivs und damit der Gerechtigkeit zu entziehen.

Gastmann sieht das anders. Er stellt die Gegenthese auf, dass „gerade die Verworrenheit der menschlichen Beziehungen es möglich mache, Verbrechen zu begehen, die nicht erkannt werden können (...)" (68).

Beide Männer hatten daraufhin ihre gegensätzlichen Behauptungen in eine persönliche Wette verwandelt, und zwar aus „Übermut" (69). Das bedeutet, dass beide, Gastmann als Täter und Bärlach als sein Verfolger, schuldig werden, jeder auf seine besondere Art, weil sie sich anmaßen, übergeordnete Moralvorstellungen, die Sittlichkeit, in Frage zu stellen. Das ist Vermessenheit.

Die Wette aus einer Alkohol-Laune heraus zeigt, dass beide Spieler ohne Verantwortungsbewusstsein sind. Bärlach weiß, dass Gastmann in dieser Nacht schuldig wurde, weil er die Wette anbot. Er weiß aber auch, dass er selbst schuldig geworden ist, weil er die Wette annahm. Dies war der Beginn des lebenslangen schlimmen Wettstreits, den Gastmann bisher immer gewonnen hatte. Er war Bärlach immer einen Schritt voraus und beging vor dessen Augen „immer kühnere, wildere, blasphemischere (d. h. gotteslästerliche) Verbrechen" (70). Bärlach konnte immer nur reagieren, ihn jedoch nie überführen. Deshalb sieht sich Gastmann nach der Ermordung Schmieds als Sieger in diesem lebenslangen Kampf.

In dieser „Wette" um die Möglichkeit des perfekten Verbrechens scheint ein wesentliches Element zu fehlen. Die Bedingungen sind klar, aber der Einsatz wird nicht ausdrücklich genannt. Es wird nicht gesagt, was jeder der Partner erhält, wenn er die Wette gewonnen haben sollte. Aber dieser Einsatz ist nicht materieller Art. Er ist in der Art des Abschlusses dieser „Wette" enthalten. Es geht beiden um die Frage, ob es die absolute Gerechtigkeit gibt oder nicht.

Wichtig ist deshalb die Frage, wer die Wette gewonnen hat. Gastmann wird für seine Verbrechen bestraft und getötet, der Mord an Schmied wird aufgedeckt, der Mörder verunglückt bzw. bringt sich selbst um. Die Gerechtigkeit scheint gesiegt und Bärlach gewonnen zu haben. Aber Bärlach lässt Gastmann für eine Tat hinrichten, die er nicht begangen hat, um ihn für Verbrechen zu bestrafen, die er zwar begangen hat, die er ihm aber nicht beweisen kann (vgl. 99). So stellt sich die Frage, ob man unter diesen Umständen noch vom Gewinn der Wette im Sinne ihrer Bedingungen sprechen kann.

Im Zusammenhang mit dem Problem des perfekten Verbrechens behauptete Bärlach in der Vergangenheit, ein solches Verbrechen sei „eine Dummheit, weil es unmöglich sei, mit Menschen wie mit Schachfiguren zu operieren" (68). Aber indem er wie ein „unerbittlicher Schachspieler" (113) Tschanz auf Gastmann ansetzt, widerlegt er seine eigene These. Auch in dieser Hinsicht hat er Unrecht. Er gewinnt sein Spiel, weil der Zufall auf seiner Seite ist, obwohl er ihn früher als Hauptgegner betrachtet hat (68). Er gewinnt gewissermaßen die Wette mit den Mitteln Gastmanns, die er früher abgelehnt hat. So widerlegt sich Bärlach selbst. Die tragische Ironie seines Handelns liegt darin, dass er durch den Versuch, Gerechtigkeit herzustellen, Gastmanns These beweist.

Also hat eigentlich Gastmann die Wette gewonnen, zumindest im Sinne ihres Abschlusses in Konstantinopel. Er hat bewiesen, dass es die „Verworrenheit der menschlichen Beziehungen" ermögliche, Verbrechen unentdeckt, zumindest aber unbeweisbar sein zu lassen. Dabei ist an Tschanz zu denken, mit dessen Eifersucht und Neid Bärlach nicht rechnen konnte, als er durch Schmied beinahe in den Besitz der Beweise gelangt war.

Gastmann hat aber ebenfalls Unrecht, wenn auch nicht im Sinn der Wette. Der Zufall hilft ihm, seine Verbrechen zu verschleiern. Aber er führt auch zu seinem Tod. Zufällig hatte der Mörder Tschanz ein lebenswichtiges Interesse daran, ihm den Mord in die Schuhe zu schieben und ihn zu töten. Deshalb lässt er sich von Bärlach dazu instrumentalisieren, d. h. als Werkzeug, als Henker benutzen. Gastmann ist zum Opfer seiner an sich richtigen These geworden. Die tragische Ironie seines Verhaltens besteht darin, dass gerade er Opfer eines perfekten Verbrechens wird.

Die Wette

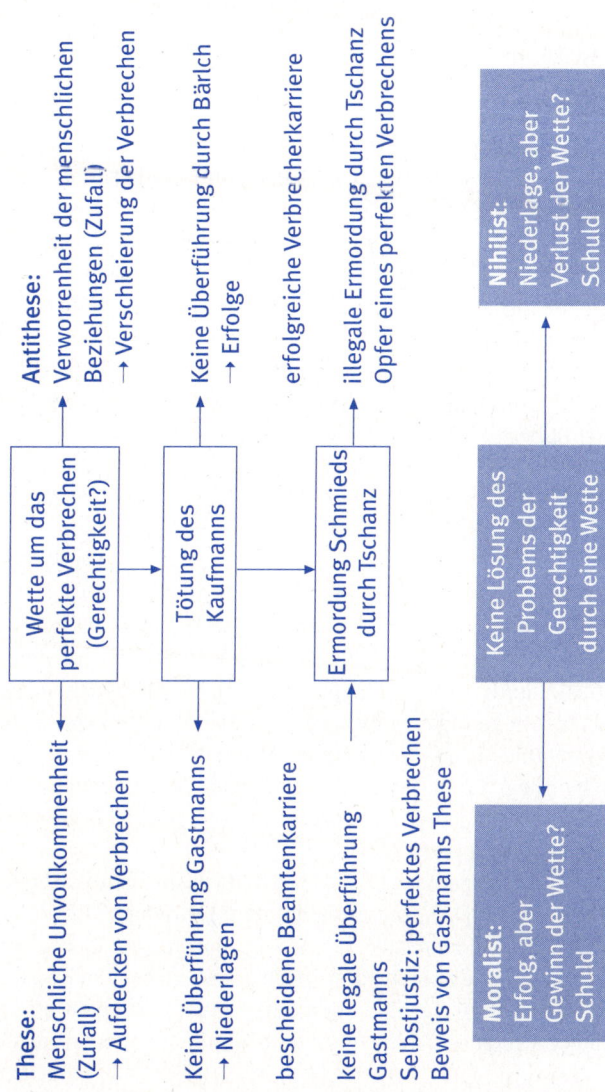

Recht und Gerechtigkeit

Bärlach lässt den Großverbrecher Gastmann von Tschanz ermorden, und zwar „in Gottes Namen" (100). Er gibt also vor, im Namen einer höheren Gerechtigkeit zu handeln.

Seine Haltung rechtfertigt er, indem er Gastmann als „Teufel in Menschengestalt" (114) bezeichnet. Dies führt zu der Frage, ob es die Herstellung der Gerechtigkeit erlaubt, sich illegaler, also ungesetzlicher Mittel zu bedienen, wenn der Täter anders nicht zu überführen ist. Bärlach steht im Dienste der Justiz, er müsste sich an Recht und Gesetz halten. Aber er maßt sich die Befugnisse der Rechtsprechung an: Er fühlt sicht, wie er Tschanz gegenüber bestätigt, als „Richter", der seinen Untergebenen als „Henker" benutzt (115). Für ihn ist nicht wichtig, dass Gastmann für ein Verbrechen hingerichtet wird, das er nicht begangen hat.

Er ist in dieser Hinsicht nicht besser als Gastmann: Er bricht das Recht. Der Unterschied zwischen beiden besteht im Motiv: Bärlach will der Gerechtigkeit zum Sieg verhelfen, Gastmann handelt ohne jede ethische Bindung, aus einer „Laune" heraus (71, 82). Seine Philosophie ist, wie der Schriftsteller sagt, „das Böse" (83).

Bärlach hat keine Scheu, sich des Bösen (illegaler Mittel, Instrumentalisierung des eigentlichen Mörders) zu bedienen, um das Böse (Gastmann) zu bekämpfen, was er mit den üblichen Mitteln der Rechtspflege nicht erreicht. Zwar entwickelt der Leser eine gewisse Sympathie für Bärlachs fragwürdiges Handeln, denn nur dadurch scheint der Sieg über das Böse möglich. Aber dennoch stellt sich die Frage, ob man unter diesen Umständen noch von Gerechtigkeit sprechen kann.

Der Kampf gegen das „Böse" hat Bärlach sein ganzes Leben lang fasziniert. Als Polizist hat er es mit dem „normalen" Bösen zu tun, mit Verbrechen jeder Art, wozu auch die Mordtat von Tschanz gehört. Die Bekämpfung dieser Art des Bösen gehört zu seinem Beruf.

Bärlach fordert das Böse geradezu heraus und spielt oft mit der Gefahr. So setzt er sich bewusst dem Angriff des Hundes aus, um in den

Besitz des Beweisstücks, der Kugel, zu kommen. So lässt er seine Haustüre offen, als wolle er Einbrecher einladen. Obwohl er sein gefährliches Schlangenmesser wegräumen könnte, setzt er sich immer wieder der Gefahr aus, dass dieses als Waffe gegen ihn benutzt werden könnte. Er lädt Tschanz zu sich ein, obwohl er befürchten muss, dass dieser ihn tötet (vgl. 115f.).

Als Mensch, der sich der höheren Gerechtigkeit gegenüber verantwortlich fühlt, sieht Bärlach seine Lebensaufgabe darin, das grundsätzlich Böse, verkörpert durch den Großverbrecher Gastmann, zu bekämpfen. Dieser Kampf ist das eigentliche Thema des Romans und hebt ihn auf ein literarisch anspruchsvolles Niveau, er macht ihn zu einer Gleichnisgeschichte (Parabel) über den Kampf des Menschen mit dem Bösen. In diesem Sinne fordert er zum Nachdenken auf über die Natur des Bösen, über den Mut, ihm zu widerstehen, über die Unmöglichkeit, es zu begreifen, über die Möglichkeit, sich an ihm anzustecken.

An der Bahre des toten Gastmann sieht Bärlach seine Rolle nicht mehr als die des Richters, sondern als die des Jägers, der das Wild nun erlegt hat (vgl. 107). Bärlach wird von der „Unermeßlichkeit des Todes" (108) ergriffen und er erkennt: „Die Toten haben immer recht" (108). Das kann bedeuten, dass sie der irdischen Gerechtigkeit entrückt sind. Vielleicht erkennt Bärlach aber auch das Scheitern seines Versuchs der Herstellung der Gerechtigkeit mit ungerechten Mitteln. Vielleicht fühlt er seine Schuld, die darin besteht, dass er die Wette annahm und dass er das Böse mit dem Bösen bekämpfen wollte, um das Gute zu erreichen.

Die Bedeutung des Zufalls

Dürrenmatt räumt in seinen Werken insgesamt und in seinem Roman dem Zufall eine besondere Stellung ein. Er spielt für ihn eine dominierende Rolle in der Welt. Bärlach traf in der Vergangenheit mit Gastmann zufällig zusammen und schloss mit ihm die folgenreiche Wette ab. In dieser Wette spielt der Zufall ebenfalls die entscheidende Rolle.

Für Bärlach verhindert er das perfekte Verbrechen, für Gastmann ermöglicht er es. Aus der gleichen Grundüberzeugung ziehen beide entgegengesetzte Konsequenzen.

Der Zufall schafft so einmal die Möglichkeit, Verbrechen zu begehen. Tschanz tötet Schmied auf Grund der „Verworrenheit der menschlichen Beziehungen", aus zufälliger Eifersucht. Dieser Mord ist die schlimmste Form des Zufalls.

Gastmann lässt, wie der Schriftsteller zu Bärlach sagt (vgl. 82), den „Zufall" entscheiden, ob er etwas Schlechtes oder Gutes tut. Der Zufall hilft Gastmann zuerst, Bärlachs Nachforschungen zu entgehen: Dessen unverschlossene Haustür ermöglicht es ihm, die Mappe Schmieds mit den ihn belastenden Dokumenten, dem einzigen Beweis gegen ihn, an sich zu nehmen.

Aber der Zufall ermöglicht ebenso, Verbrechen aufzudecken. Zufällig liegt in Schmieds Zimmer schon die Dokumentenmappe mit den Beweisen gegen Gastmann bereit, und Bärlach kann sie lesen. Zufällig tötet Tschanz Schmied erst in dem Augenblick, in dem er die Beweise gegen Gastmann zusammen hat.

Der zufällige Fund der Revolverkugel (vgl. 21), mit der Schmied ermordet wurde, gibt Bärlach die entscheidende Möglichkeit, das Verbrechen aufzudecken. Sie ist das wichtigste Indiz gegen Tschanz. Als dieser dann Gastmanns Hund erschießt, um Bärlach vermeintlich zu retten, besorgt sich dieser die Kugel und hat so den ballistischen Beweis, dass Tschanz der Mörder ist. Dessen Reaktion hat Bärlach allerdings geplant und provoziert. Er konnte jedoch nicht wissen, dass der Hund ihn anspringen und Tschanz schießen würde. Auch hier hilft ihm der Zufall.

Nach dem entscheidenden Zufall, dem Fund der Kugel, geht Bärlach kriminalistisch-planmäßig vor. So ist es ihm möglich, Tschanz als Werkzeug zur Vernichtung Gastmanns zu benutzen. Der „zufällige" Mord an Schmied durch Tschanz erschwert zuerst die Überführung Gastmanns, dann aber gelingt es Bärlach, sich diesen Zufall zu Nutze zu machen und mit seiner Hilfe Gastmann auszuschalten. Er baut den Zufall als Helfer in sein planmäßiges Handeln ein, das anders nicht

nicht zum Erfolg geführt hätte. Der Zufall hilft ihm bis zuletzt: Bärlach kann nicht wissen, dass Tschanz noch am gleichen Tag, an dem er ihn Gastmann ankündigt (vgl. 100), zu diesem geht, um ihn zu töten.

Diese Bedeutung, die der Verfasser dem Zufall einräumt, hat Konsequenzen. So erscheinen Schuld und Gerechtigkeit in einer solchen durch den Zufall geprägten Welt als fragwürdig, denn die Menschen werden nur auf Grund von Zufälligkeiten zu Verbrechern (vgl. Zufall der Wette, Zufall des Mordes an Schmied). Auf Grund solcher Zufälle werden Verbrechen gesühnt oder bleiben unentdeckt.

Hinter dieser Auffassung von der Bedeutung des Zufalls stehen aber auch die Vorstellung von der Ohnmacht der menschlichen Vernunft und die Vorstellung, dass der Zufall eine positive Macht ist, die hilft, die sittliche Ordnung in der menschlichen Gesellschaft aufrechtzuerhalten bzw. die durch Verbrechen gestörte sittliche Weltordnung wieder herzustellen.

Der Zufall ist also für Dürrenmatt eine Art Ersatz-Fügung, Ersatz-Gott in einer Welt, die er in das Bild des „Labyrinths" fasst (108). Sie ist für ihn also ein Irrgarten, in dem Durcheinander, Wirrwarr herrschen.

Gesellschaftskritik

Dürrenmatt lässt das Geschehen in der Schweiz spielen. Mord ist ein Problem der Gesellschaft, in diesem Fall der Schweizer Gesellschaft, und der Verfasser übt an einigen Stellen Kritik an dieser Gesellschaft und ihren Institutionen.

So beschreibt er schon zu Anfang ironisch das unprofessionelle Verhalten des Polizisten Clenin. Er verschärft seine Kritik durch die Darstellung des Kriminalrats Lutz. Dieser hat einen akademischen Lehrauftrag über Kriminalistik und „war eben von einem Besuch der New Yorker und Chicagoer Polizei nach Bern zurückgekehrt", wo er sich „über den vorweltlichen Stand der Verbrecherabwehr" (14) entsetzt. Er fühlt sich deshalb als Vertreter der modernen Kriminalistik und ist mit Tschanz als Helfer Bärlachs einverstanden, weil dieser „immer bemüht ist, kriminalistisch auf der Höhe zu bleiben" (19).

Diese Klage über die Rückständigkeit der Schweizer Polizei und das Lob der „großen Erkenntnisse der modernen wissenschaftlichen Kriminalistik" (18) wiederholt er bei jeder Gelegenheit. Dadurch und durch seine einseitige Haltung in dieser Hinsicht wirken seine Ansichten lächerlich. Bärlachs Position wird auf diese Weise gestärkt, wobei ihm natürlich auch der Erfolg Recht gibt. Er nimmt seinen Vorgesetzten nicht ernst. Auch am Schluss informiert er ihn nicht über das eigentliche Geschehen, dessen Hintergrund und den wahren Täter.

Dürrenmatt kritisiert die Versuche, der Politik, auf die Ermittlungen der Polizei Einfluss zu nehmen. So übt Gastmanns Anwalt von Schwendi Druck auf den Polizeichef Lutz aus, um Gastmann zu schützen. Schwendi und Lutz sind in der gleichen Partei, nämlich der „Partei der konservativen liberalsozialistischen Sammlung der Unabhängigen" (48). Der Name dieser Partei, der eine Mischung aus allen möglichen politischen Richtungen bezeichnet, lässt schon die satirische Grundhaltung des Verfassers der Person und ihren politischen Machenschaften gegenüber erkennen.

Von Schwendi hebt die Angelegenheit auf die politische und wirtschaftliche Ebene: Es gehe um „geheime Verhandlungen" (55) mit einer fremden Macht, wobei „Millionen (...) auf dem Spiel" (59) stünden. Gastmann zu belästigen mache keinen Sinn, da „hinter dem Mord Mächte stehen, die weder mit unseren braven Schweizer Industriellen noch mit Gastmann etwas zu tun haben" (58). Dies ist zwar ein blindes Motiv, also ein Motiv, das den Leser in die Irre führt, es zeigt jedoch, auf welche Weise der wirtschaftliche Bereich Einfluss auf den staatlichen Bereich nehmen will.

Lutz lässt sich einschüchtern. Er reagiert auf diese Einflussnahme „hilflos" (55) und muss sich von Schwendi „Lützchen" und „Doktörchen" nennen lassen (59). Dies zeigt die Machtverhältnisse zwischen den beiden. Er verspricht, Gastmann in Ruhe zu lassen. Damit macht er als Chef der Ermittlung in einem Mordfall Zugeständnisse, die eine objektive Untersuchung der Mordaffäre unmöglich machen.

Dürrenmatt kritisiert ebenfalls das Menschen- und Gesellschaftsbild von Schwendis, der die Industriellen als die „besten Exemplare der schweizerischen Gesellschaft" (53) ansieht und den Künstlern lediglich dekorative und verschleiernde Bedeutung zuerkennt (56).

Seine Kritik an den gesellschaftlichen Verhältnissen ist insgesamt aber eher humorvoll-witzig als scharf. Dies trifft auch auf seine Darstellung der opportunistischen Haltung der Schweiz gegenüber dem Nationalsozialismus zu. Bärlach hatte während seiner Tätigkeit in Frankfurt einem hohen Beamten der nationalsozialistischen deutschen Regierung eine Ohrfeige gegeben. Diese Tat wurde von der Schweizer Regierung „je nach dem Stand der europäischen Politik, zuerst als empörend, dann als verurteilenswert, aber doch noch begreiflich, und endlich als die einzige für einen Schweizer mögliche Haltung" bewertet, „dies aber erst fünfundvierzig" (13), also nach dem Ende des Krieges, als sich die Verhältnisse geändert hatten.

Massive Gesellschaftskritik, wenn auch indirekt, übt der Verfasser mit der Thematik seines Romans. Er führt vor, dass jedes Verbrechen in unserer Gesellschaft möglich ist, wenn sich völlige Skrupellosigkeit mit Wohlstand vereint. Wenn es dem Vertreter des Rechts nur außerhalb der Rechtsordnung möglich ist, den Verbrecher zu bestrafen und zusätzlich noch der Zufall zu Hilfe kommen muss, so wirft das ein bezeichnendes Licht auf die Gesellschaft und ihre Ordnung.

Die Form des Romans

Die Fälle

In Dürrenmatts Kriminalroman werden zwei unterschiedliche Geschehensebenen bzw. Handlungsstränge miteinander verbunden und zusammengeführt:

1. Handlungsstrang: Der Fall Schmied
2. Handlungsstrang: Der Fall Gastmann

Beide Fälle haben eine unterschiedliche Vorgeschichte, enthalten unterschiedliche Motive der handelnden Personen, werden aber durch die Person des Kommissärs Bärlach miteinander verknüpft. Durch den zweiten Handlungsstrang mit der Gerechtigkeitsproblematik und seiner Verknüpfung mit dem ersten stellt Dürrenmatt das übliche Schema des Kriminalromans in Frage. Er gestaltet auf diese Weise einen literarisch anspruchsvollen Typ dieser Romangattung.

1. Handlungsstrang **Der Fall Schmied** *Schema des üblichen Kriminalromans*	2. Handlungsstrang **Der Fall Gastmann** *Literarischer Kriminalroman*
Aufklärung des Mordes an ihm	Bestrafung für seine Verbrechen
Motive: Hass, Neid, Frustration	Motiv: Wette mit Bärlach
1. (Schein-)Lösung: durch Tschanz 2. (Echte) Lösung: durch Bärlach	Lösung durch Bärlach: Tschanz als „Henker"
Verknüpfung zweier Fälle – Bärlach als Zentralfigur	

Der Fall Schmied

In der Nacht von Mittwoch, 2. 11., auf Donnerstag, 3. 11. 1948 wird Polizeileutnant Schmied von der Kriminalpolizei der Stadt Bern in seinem blauen Mercedes auf der Straße Lamboing – Twann unterhalb des Waldes der Twannbachschlucht erschossen aufgefunden. Der Dorfpolizist von Twann, Alphonse Clenin, stößt auf den Wagen, sieht den Toten und kann ihn ohne Mühe identlfizieren. Er lässt die Leiche nicht liegen, wie es kriminalistische Praxis ist, sondern drückt ihr den Hut auf den Kopf, damit er die Wunde an der Schläfe nicht sehen musste, lädt ihn in sein Auto und fährt ihn nach Biel, einem größeren Ort in der Nähe.

Dies scheint ein üblicher Mordfall zu sein, den es aufzuklären gilt. Zuständig wird zufällig Kommissär Hans Bärlach. Er macht den Fall zu seiner eigenen Sache und erbittet sich den Polizisten Tschanz als Mitarbeiter. Er tut dies, weil er jetzt schon den Verdacht hat, dass Tschanz Schmied ermordet hat. Er kennt auch das Motiv: Neid auf Schmieds beruflichen Erfolg, seine Bildung, seine Tüchtigkeit, Eifersucht auf ihn wegen seiner Freundin Anna, Hass gegen ihn wegen der allgemeinen Wertschätzung, die er genoss, das Gefühl, selbst nicht geschätzt und beruflich übergangen zu werden. Vorgeschichte dieses Handlungsstranges ist also Tschanz' Frustration und sein Hass auf den erfolgreichen Nebenbuhler.

Bärlach erhärtet seinen Verdacht durch ein Experiment: Er stoppt Tschanz auf dessen Weg zum Tatort, wie Schmied das offensichtlich getan hatte. Tschanz „wurde weiß vor heimlichem Entsetzen" (46). Bärlach und er sahen sich ins Gesicht. Bärlach war sich von diesem Zeitpunkt an sicher, dass Tschanz der Mörder ist.

Tschanz sah den Mord an Schmied als Möglichkeit, aus dessen Schatten herauszukommen. Bärlach weiß dies, aber ihm geht es nicht in erster Linie darum, Schmieds Mörder zu finden und Tschanz zu entlarven. Ihm geht es um die Lösung seines eigentlichen Problems, nämlich den Großverbrecher Gastmann unschädlich zu machen, wofür ihm die Beweise abhanden gekommen sind.

Deshalb provoziert er Tschanz' Scheinlösung des Falles Schmied, die Tötung Gastmanns: Tschanz gilt jetzt als derjenige, der den Fall Schmied aufgeklärt und dessen Mörder Gastmann in Notwehr erschossen hat. Aber trotzdem macht Bärlach Tschanz deutlich, dass er ihn durchschaut hat: Er entwickelt mit zwingender Logik seine Indizienkette und weist ihm so nach, dass er seinen Kollegen Schmied ermordet hat. Das ist die Lösung, wie sie in Kriminalromanen üblich ist. Dass Bärlach größeres Interesse an Gastmanns Tod hat, wird dadurch deutlich, dass er Tschanz nicht verraten will. Aber dieser erträgt seine Beschämung und seine Schuld nicht und verübt wahrscheinlich Selbstmord.

Der Fall Gastmann

Die Lösung des Falles Gastmann hat für Bärlach ein viel größeres Gewicht als der „gewöhnliche" Kriminalfall Schmied: Hier geht es ihm um den Kampf gegen das Böse schlechthin. Diesem Problem gegenüber ist der „gewöhnliche" Mord von Tschanz an Schmied Nebensache. Vorgeschichte dieses Falles ist die Wette Bärlachs mit Gastmann über die Möglichkeit des Bösen in der Welt und das daraus folgende Geschehen.

Dieser Fall Gastmann bildet den Haupthandlungsstrang, der allerdings anfangs im Hintergrund bleibt und erst allmählich an Bedeutung gewinnt, nämlich die lebenslange, aber erfolglose Verfolgung dieses Großverbrechers durch Bärlach. Aber dieser Handlungsstrang ist Ursache für die Entstehung der Nebenhandlung, die, oberflächlich gesehen, die Hauptgeschichte darstellt. An verschiedenen Stellen berühren sich notwendigerweise die beiden Handlungsstränge:

– Gastmann gerät schon früh in Verdacht, Schmied getötet zu haben.
– Sein Hund fällt Bärlach an.
– Gastmann besucht Bärlach in seiner Wohnung und warnt ihn.
– Gastmann wartet auf Bärlach im Auto und warnt ihn erneut. Bärlach kündigt ihm den Henker an.
– Schließlich tötet Tschanz Gastmann als Mörder Schmieds.

Die Verknüpfung der Handlungsstränge

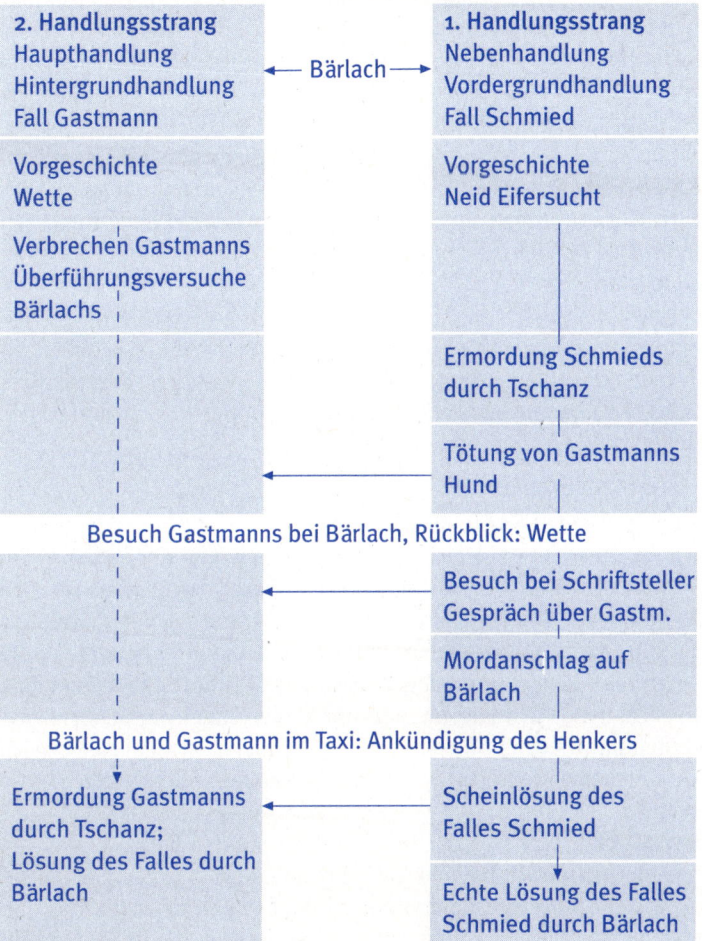

2. Handlungsstrang
Haupthandlung
Hintergrundhandlung
Fall Gastmann

← Bärlach →

1. Handlungsstrang
Nebenhandlung
Vordergrundhandlung
Fall Schmied

Vorgeschichte
Wette

Vorgeschichte
Neid Eifersucht

Verbrechen Gastmanns
Überführungsversuche
Bärlachs

Ermordung Schmieds
durch Tschanz

Tötung von Gastmanns
Hund

Besuch Gastmanns bei Bärlach, Rückblick: Wette

Besuch bei Schriftsteller
Gespräch über Gastm.

Mordanschlag auf
Bärlach

Bärlach und Gastmann im Taxi: Ankündigung des Henkers

Ermordung Gastmanns
durch Tschanz;
Lösung des Falles durch
Bärlach

Scheinlösung des
Falles Schmied

Echte Lösung des Falles
Schmied durch Bärlach

Damit laufen beide Handlungsstränge zusammen, und der Fall Gastmann ist gelöst, allerdings unter falschen Voraussetzungen. Nur Bärlach weiß die wahren Zusammenhange und bringt am Schluss beim Festessen in der Unterhaltung mit Tschanz auch den Fall Schmied zum Abschluss. Mit dem Unfall von Tschanz bzw. seinem Selbstmord ist der Gerechtigkeit im Mordfall Schmied auf die übliche Weise Genüge getan. So wie am Anfang des Romans der Leser meint, nur der augenfällige Fall Schmied habe Bedeutung, so meint am Ende sogar die kriminalistische Öffentlichkeit, dieser Fall Schmied sei jetzt durch den Tod seines Mörders Gastmann gelöst. Die wahren Hintergründe kennt nur Bärlach.

Der Kommissär ist also die zentrale Gestalt, in der beide Handlungsstränge zusammenlaufen. Zuerst war er Gastmann durch Schmied auf den Fersen. Dann benutzt er den Zufall, dass der eifersüchtige Tschanz seinen erfolgreichen Kollegen umbringt, zur Lösung seines Lebensproblems, der Tötung Gastmanns.

Erzählweise und Spannungsführung

Dürrenmatt verwendet sowohl schon am Anfang des Romans als auch im weiteren Geschehen Mittel der Verschleierung und Verschweigung der Zusammenhänge um Spannung zu erzeugen. So umgibt er die Dinge zuerst mit einem Geheimnis: Was hat es mit Schmieds Mappe auf sich, mit der zufällig gefundenen Revolverkugel, mit Bärlachs umwickeltem Arm, mit seinem Schlangenmesser? Warum gleicht sich Tschanz immer mehr seinem ermordeten Kollegen Schmied an, übernimmt dessen Wagen und will dies mit dessen Freundin ebenfalls tun? Erst allmählich erfährt der Leser, was es mit den Verhaltensweisen und Dingen auf sich hat und welche Bedeutung sie haben. Solange er nicht weiß, dass der Roman aus zwei Handlungssträngen besteht, bleiben ihm die Dinge rätselhaft. Später kann er ihre Bedeutung für die Aufklärung der Fälle erkennen.

Die Irreführung und Verschleierung ist auf die Art und Weise zurückzuführen, in der die Geschichte erzählt wird, auf die Erzählsituation.

Zu beachten ist, dass der Erzähler grundsätzlich nicht mit dem Verfasser, dem Autor des Romans, mit Friedrich Dürrenmatt, gleichgesetzt werden darf. Der Erzähler ist eine fiktive (gedachte) Figur, die das Geschehen aus ihrer Perspektive (Sicht) dem Leser vermittelt.

Man unterscheidet zwischen auktorialer und personaler Erzählsituation bzw. Erzählweise. Der auktoriale (allwissende) Erzähler überschaut souverän das Geschehen von einem Standpunkt außerhalb des Geschehens aus. Er kennt das Innere der Personen, ihre Gedanken und Gefühle. Er steht über dem erzählten Geschehen und kann es deshalb kommentieren.
Der personale Erzähler dagegen hat seinen Standpunkt innerhalb des Geschehens und erzählt aus dem Blickwinkel einer Person heraus. Er schaut deshalb nicht voraus und kommentiert nicht, weil seine Perspektive auf den Innenbereich der Person beschränkt bleibt.

In Dürrenmatts Roman handelt es sich um einen auktorialen, d. h. allwissenden Erzähler. Dieser hat den Überblick über das Geschehen. Er weiß umfassend Bescheid, kommentiert, urteilt und ordnet die Teile der Erzählung so an, wie er es aus Gründen der Spannungsführung und Irreführung des Lesers für zweckmäßig hält.

Da der Erzähler den Ausgang des Geschehens kennt, kann er auf spätere Ereignisse vorausdeuten. Wenn es heißt, Bärlachs linker Arm sei umwickelt gewesen, „wie es bei jenen Brauch ist, die ihre Hunde zum Anpacken einüben" (48), dann spricht hier der kommentierende Erzähler. Wenn er schreibt: „Zwar verließ ihn die Kühle der Vernunft nicht, aber er hatte die Notwendigkeit des Handelns vergessen" (37), dann zeigt dies, dass er die Gedanken und Gefühle der Personen kennt.

Allerdings verzichtet der Erzähler an einigen Stellen auf seine Allwissenheit und gibt vor, nicht mehr zu wissen als die Personen. Dies tut er immer, wenn er dem Leser Wissen vorenthalten und ihn gründlich in die Irre führen will. Dies ist z. B. beim 1. Schluss der Fall.

So unternimmt der Erzähler z. B. eine Täuschung des Lesers, wenn er Bärlachs Begegnung mit Gastmanns Hund beschreibt: „Das Unvermutete der Begegnung, die Mächtigkeit des Tieres (...) lähmten ihn" (37). Unvermutet kann die Begegnung ja nicht gewesen sein, sonst hätte er nicht seinen „linken Arm mit dicken Tüchern umwickelt" (48), um sich gegen den Hund zu schützen. Aber die Irreführung des Lesers – und die von Tschanz – geht noch weiter: Bärlach sagt zu Tschanz, nachdem dieser den Hund erschossen hatte, er hätte ihm „das Leben gerettet" (47), was so nicht stimmt. Tschanz fragt ihn, nachdem er den Hund erschossen hat, ob er denn keine Waffe trage. Bärlach antwortete „selten" (38), und Tschanz muss meinen, dass Bärlach diesmal keine dabei hatte. Als der Kommissär nach Hause zurückgekehrt ist, erfährt der Leser, dass Bärlach sehr wohl einen Revolver dabei hatte und sich selbst hätte schützen können. Er wollte jedoch in den Besitz der Kugel aus Tschanz' Revolver kommen, um diesen überführen zu können.

Wenn Bärlach Tschanz überraschend an unvorhergesehener Stelle stoppt, um in seinen Wagen einzusteigen, und Tschanz „weiß" wird „vor heimlichem Entsetzen" (46), weil „das, was ihm jetzt begegnete, auch Schmied begegnet war, bevor er (...) erschossen wurde" (46), dann lenkt der Erzähler den Verdacht von Tschanz weg, und der Leser kann, wenn auch nur vorübergehend, Bärlach selbst als Mörder verdächtigen.

Ganz offensichtlich versucht der Erzähler den Leser auch beim nächtlichen Attentat auf Bärlach in die Irre zu führen (vgl. Kap. 16). Er erzeugt hier von Anfang an dadurch Spannung, dass er auf seine Allwissenheit verzichtet und den Leser das Geschehen aus der begrenzten (personalen) Situation Bärlachs miterleben lässt. Dadurch wird er im Unklaren gelassen.

Als Bärlach nach dem Attentatsversuch Tschanz zu sich bittet, betrachtet Tschanz „verwundert" die zerschossene Scheibe. Auch die Glühbirne hebt er „nicht ohne Bewunderung" (95) vom Boden auf. Der Leser, der wegen Tschanz' wirrem Aussehen geneigt ist, diesen für den Attentäter zu halten, wird wegen dieser Reaktion unsicher.

Noch unsicherer wird er durch das Motiv der Handschuhe. Der Attentäter trägt braune Lederhandschuhe (vgl. 93), beim verdächtigen Tschanz werden sie nicht erwähnt, wohl aber ausdrücklich bei dem im Auto auf Bärlach wartenden Gastmann (vgl. 98). Das ist ein blindes Motiv, also ein Motiv, das keinen Bezug zur Lösung des Falles hat und den Leser in die Irre führen will.

Gastmann wurde bei seiner ersten Begegnung mit Bärlach als sicherer Messerwerfer vorgeführt, hat er dann nicht auch beim nächtlichen Überfall das Messer geworfen? Dadurch wird der Verdacht von Tschanz weg auf Gastmann verlagert, obwohl Tschanz der Attentäter war. Dies erfährt der Leser allerdings wieder erst später.

Der zweite Handlungsstrang, der Fall Gastmann, gibt dem Leser die größten Rätsel auf. Er fragt sich, wer dieser geheimnisvolle Gastmann sei, was für eine Art Treffen er veranstaltet hat und was ihn mit Bärlach verbindet. Um diese Spannung aufrechtzuerhalten, lässt der Erzähler Personen auftreten, die verhindern wollen, dass das Geheimnis um Gastmann entschleiert wird. Die Hauptperson ist Gastmanns Freund und Anwalt, der angesehene Nationalrat von Schwendi. Er hat politischen Einfluss und übt erfolgreich Druck auf Bärlachs Vorgesetzten Lutz aus, um Gastmann aus den Ermittlungen herauszuhalten.

Um Gastmann zu schützen, muss er allerdings das Geheimnis der Industriellentreffen preisgeben, an denen Schmied unter falschem Namen teilgenommen hat. Aber er erreicht damit, dass Schmied und damit die Polizei in Verdacht geraten, illegal gehandelt zu haben. Damit wird die Aufmerksamkeit des Lesers wieder auf ein falsches Gleis geführt, denn diese Treffen haben mit dem Mordfall nichts zu tun. Es ging Schmied ja nur darum, im Auftrag Bärlachs Indizien gegen Gastmann zu sammeln, mit den politischen Machenschaften hatte er nichts zu tun.

Dieser Hinweis auf die politische Ebene des Falles ist wieder ein blindes Motiv: Es trägt nichts zur Aufklärung bei. Allerdings werden dem Leser neue Tätermöglichkeiten aufgezeigt. Wenn er vielleicht vorzeitig der Meinung sein sollte, Tschanz sei der Mörder, so wird er jetzt wieder darin unsicher, was die Spannung erhöht.

Den letzten und wirkungsvollsten Versuch, den Leser zu täuschen und zu verwirren, unternimmt der Verfasser im 1. Schluss (Kap. 19). Der Leser muss dem Erzähler und der Polizei glauben. Sie stellt fest, dass die Kugel, mit der Schmied getötet wurde, aus der Waffe stammt, die einer der Diener in der Hand hielt, als ihn Tschanz erschoss. Gastmann muss also, so meint jetzt der Leser, doch Schmieds Mörder gewesen sein, und Tschanz hatte wohl mit seiner Meinung Recht.

Aber dies ist die größte Täuschung, wie sich im 2. Schluss (Kap. 20) herausstellt. Bärlach entlarvt Tschanz als Schmieds Mörder. Rückblickend erhalten Bärlachs Äußerungen, Verhaltensweisen und Handlungen für den Leser einen Sinn. Die bis zum Schluss gesteigerte Spannung ist gelöst, Tschanz' Tod (Kap. 21) wird vom Leser als logische und gerechte Folge des Geschehens empfunden.

Dürrenmatt arbeitet auch mit dem Mittel der Spannungsverzögerung. Zu diesem Zweck durchbricht er die vorwärts drängende Handlung zweimal durch die verzögernden Zwischenspiele. Diese Zwischenspiele stören den Aufklärungsvorgang. Aber sie haben eine Bedeutung für das Verständnis des Geschehens und dessen Hintergründe und tragen zur Vertiefung der Problematik bei.

Durch diese besondere Erzählweise gelingt es dem Erzähler, die Spannung auf die Lösung der Frage nach dem Mörder des Polizisten Schmied und nach dessen Motiven bis zum Schluss zu steigern. Zu ihrer Aufrechterhaltung verwendet der Erzähler einmal Mittel, die bei Kriminalromanen üblich sind: geheimnisvolle Andeutungen, die Verfolgung richtiger und falscher Spuren, die Verwendung blinder Motive, die Entdeckung lückenhafter Indizien, die Aufstellung verschiedener Vermutungen, das undurchsichtige und verdächtige Verhalten von Personen, das Verschweigen wichtiger Tatsachen und Gedanken, die gegenseitigen Täuschungen der Hauptpersonen Bärlach und Tschanz. Aber der Erzähler verwendet auch Mittel zur Verschleierung des Geschehens und Täuschung des Lesers, die bei Kriminalromanen nicht üblich sind. So lässt er einen Polizisten den gesuchten Mörder seines Kollegen sein. Ebenfalls unüblich und dadurch verwirrend ist, dass der Täter den Täter ermitteln muss und deshalb ein lebenswichtiges Interesse daran hat, einem anderen die Tat in die Schuhe zu schieben.

Kriminal- oder Detektivroman?

Oft sieht man den Begriff „Kriminalroman" als Oberbegriff für alle Geschichten, in denen es um Verbrechen und Verbrecher geht. Mord und seine Aufklärung war schon immer ein beliebtes Motiv in der Weltliteratur. Schon in den griechischen Sagen geht es ziemlich blutrünstig zu. Bekannt ist die griechische Sage und die darauf beruhende Tragödie „Ödipus", in der ein Mord geschieht und der Täter die Tat aufklären soll. Allerdings gibt es zwei wesentliche Unterschiede: Ödipus weiß im Gegensatz zu Tschanz zu Beginn seiner Aufklärungsarbeit nicht, dass er der Täter ist. Ödipus will um jeden Preis aufklären. Tschanz will um jeden Preis verschleiern.

Auch heute werden Krimis viel gelesen und spielen deshalb eine große Rolle im Warenangebot der Unterhaltungsliteratur. Grund ist vielleicht der Urtrieb des Menschen nach Jagd und Verfolgung sowie nach Aufklärung des Rätselhaften und Verborgenen.

Innerhalb des Oberbegriffs „Kriminalroman" unterscheidet man Kriminalromane im engeren Sinne und Detektivromane, je nachdem welche Rolle der aufklärende Polizist und das Verbrechen spielen.

> Der Kriminalroman (im engeren Sinne) erzählt die Geschichte eines Verbrechens und stellt die Ursachen und Motive dar, die zu diesem Verbrechen führten. Er endet meist mit der Entdeckung und Bestrafung des Täters. Der Detektivroman beschäftigt sich dagegen hauptsächlich mit der Aufklärung eines Verbrechens.

Er entstand Anfang des 19. Jahrhunderts. Als Begründer gilt Edgar Allan Poe mit seiner Erzählung „Der Mord in der Rue Morgue" (1841). Zu den frühen Detektiv-Geschichten gehört auch E. T. A. Hoffmanns Erzählung „Das Fräulein von Scudéri" (1818). Darin geht es um die Aufklärung zahlreicher Morde im Paris Ludwigs XIV. (um 1700) durch eine alte Dame.

Zur Entstehung der Gattung „Detektivroman" trug der Wandel der Strafprozessform in dieser Zeit bei. Die Folter zur Erzwingung eines

Geständnisses wurde abgeschafft, an ihre Stelle traten Indizien zur Überführung des Täters. Sie sollten den Sachbeweis ermöglichen, der im Lauf des 19. Jahrhunderts allmählich der Zeugenaussage und dem Geständnis vorgezogen wurde. Allmählich entstanden Detekteien zur Verbrechensbekämpfung, und Zeitungen berichteten über aufsehenerregende Prozesse sowie über Aufgaben und Methoden der Polizei.

Am Anfang des Detektivromans liegt sozusagen eine Leiche. Zentrum des Erzählens ist dann die kriminalistische Analyse des Tathergangs durch den Detektiv, der daher im Mittelpunkt des Geschehens steht. Er sucht Indizien und Motive, befragt Verdächtige und entlarvt am Ende den Täter.

Der Leser kann mitverfolgen, wie der Detektiv die Tat aufklärt. Allerdings enthält ihm der Erzähler oft Informationen vor, so dass sein Kenntnisstand anfangs hinter dem des Detektivs zurückbleibt, bis er ihn am Schluss eingeholt hat. Dies geschieht aus Gründen der Spannungsführung.

Dürrenmatt verknüpft in seinem Kriminalroman zwei Fälle miteinander. Der erste Handlungsstrang entspricht eher dem Schema des Detektivromans: Ein Polizist findet eine Leiche. Ein Detektiv (Bärlach) untersucht den Mord und entlarvt am Ende den Täter (Tschanz). Der Leser bleibt hinter dem Erkenntnisstand Bärlachs zurück und wird vom Erzähler oft bewusst in die Irre geführt.

Der zweite Handlungsstrang, der Fall Gastmann, entspricht eher dem Aufbau des Kriminalromans im engeren Sinne. Der Verbrecher, Gastmann, ist bekannt, seine Motive sind es ebenfalls. Der ermittelnde Polizist, Bärlach, kann ihn seiner Verbrechen allerdings nicht überführen und der gerechten Strafe zuführen, jedenfalls nicht mit legalen Mitteln.

Durch die Verknüpfung beider Handlungsstränge entsteht allerdings eine Besonderheit: Tschanz, der ermittelnde Beamte im ersten Fall, dem Mordfall Schmied, ist zugleich der Mörder und der Aufklärer in eigener Sache. Er wird dazu von Bärlach benutzt, den zweiten Fall (Gastmann) einer Lösung zuzuführen, wenn auch einer illegalen. Dies erkennt er jedoch erst am Schluss.

Dürrenmatts Roman hat also Anteil an beiden Typen des Kriminalromans. Allerdings gibt es bedeutsame Abweichungen vom üblichen Schema:

1. Der Detektiv (Bärlach) ist alt, schwach, todkrank. Dies ist allerdings auch bei einigen anderen Detektiven in der Kriminalliteratur der Fall. Durch die Krankheit wird der Detektiv dem Leser einmal als unvollkommener Mensch näher gebracht. Außerdem wird seine kriminalistische Leistung noch vergrößert.

2. Er scheint sich außerordentlich dilettantisch zu verhalten. Dies lässt den Leser an seinen Fähigkeiten zweifeln.

3. Der Verbrecher der Haupthandlung (Gastmann) ist als Person interessant. Er vertritt eine Weltanschauung, die der absoluten Freiheit.

4. Die Vergeltung findet auf außergewöhnliche Weise statt: durch ungesetzliches Vorgehen (Bärlach) und Unfall (Tschanz).

5. Die Thematik ist bedeutend. Es geht nicht mehr um einen „einfachen" Mord. Dürrenmatts großes Thema ist der Kampf zwischen der Gerechtigkeit und dem Bösen. Dadurch gewinnt das Geschehen einen weltanschaulich bedeutenden Hintergrund.

Wegen dieser Besonderheiten und Abweichungen vom üblichen Schema gilt Dürrenmatts Roman als literarisch hochwertiger Kriminalroman. Da er auf ironische Weise mit den Mitteln des üblichen Krimis spielt, kann man in seinem Roman auch eine Parodie des konventionellen Kriminalromans sehen, also eine Art verspottende oder übertreibende Beibehaltung dieser Form, doch mit bedeutenderen Inhalten und Themen.

Verbrechensdichtung

Detektivroman	Kriminalroman im engeren Sinne
Aufklärung eines Verbrechens, allmähliche Enthüllung der Motive des Mörders	Entstehung eines Verbrechens, meist chronologisch dargestellt, oft individuelle oder gesellschaftliche Motive
Tat früher bekannt als Täter	Täter früher bekannt als Tat
Ausgang der Tat früher bekannt als Hergang	Hergang der Tat früher bekannt als der Täter
Leser erfährt Hergang durch Rekonstruktion der Tat	Leser oft „Augenzeuge" des Verbrechens
Zentrale Figur: Detektiv	Zentrale Figuren: Täter und Verbrecher

Dürrenmatt verbindet in seinem Roman zwei Fälle durch die Zentralfigur Bärlach miteinander. Er verwendet verschiedene Mittel (Vorausdeutung, Verschleierung, Verrätselung, Zurückhaltung von Wissen), um den Leser in Spannung zu versetzen.
Der Roman enthält in der Nebenhandlung (Fall Schmied) zentrale Aufbau- und Handlungselemente des üblichen Detektivromans. Die Haupthandlung (Fall Gastmann) entspricht teilweise dem Schema des trivialen Krimis, parodiert es jedoch und geht in der Bedeutsamkeit der Problematik darüber hinaus.

Erzählerische Mittel

Komik und Ironie

Dürrenmatts Darstellung und Sprache unterscheiden sich vom traditionellen Kriminalroman durch einige Besonderheiten. Er verwendet z. B. die Stilmittel Komik und Ironie.

> Unter Ironie versteht man in diesem Zusammenhang die komische Vernichtung von etwas Ernsthaftem durch Spott, das Lächerlichmachen unter dem Schein der Ernsthaftigkeit.

Der Erzähler stellt den Mordfall Schmied und den Fund der Leiche eher distanzierend dar. Der Dorfpolizist Clenin erlebt erstmals in seiner beruflichen Laufbahn einen Mordfall. Er ist unsicher und verstößt gegen alle polizeilichen Regeln. Ein solches Verhalten widerspricht der üblichen Vorstellung des Lesers von sachgemäßer polizeilicher Ermittlung. Der Erzähler legt Wert darauf, das falsche Verhalten Clenins nicht nur zu beschreiben, sondern auch zu begründen: Der Polizist will dem Fremden „nicht amtlich, sondern menschlich begegnen". Er will den vermeintlich Betrunkenen „wecken" und „bei schwarzem Kaffee und einer Mehlsuppe nüchtern werden (...) lassen". Darum legt er „dem Fremden die Hand väterlich auf die Schultern" (11).

Aber dieses fast gemütliche, menschliche Verhalten des mitfühlenden Polizisten wird jäh konfrontiert mit der grausamen Wirklichkeit. Er bemerkt, „dass der Mann tot war. Die Schläfen waren durchschossen" (11). Die Realität zwingt den Polizisten sich jetzt amtlich zu verhalten. Er identifiziert den Toten mittels dessen Brieftasche.

Auch in der Folge reagiert der Polizist wieder menschlich, wenn er der Leiche „den Hut über den Kopf" drückte, damit er „die Wunde an den Schläfen nicht mehr sehen konnte" (12). Clenin ist der Realität des Mordes nicht gewachsen, deshalb versucht er sie zu verschleiern, zu verdrängen. Aber seine Reaktion ist der grausamen Realität völlig unangemessen und wirkt deshalb auf den Leser komisch.

Die Unangemessenheit von Clenins Verhalten wird noch größer. Der Polizist fährt mit dem Toten auf dem Vordersitz nach Biel. Die Art der Darstellung dieser Fahrt nimmt den Schrecken von diesem Vorgang weg und verursacht beim Leser fast Schmunzeln: „Der Tote saß bewegungslos neben ihm und nur manchmal (...) nickte er mit dem Kopf wie ein alter, weiser Chinese(...)" (13).

Clenin kann die Spaltung zwischen „menschlichem" und „amtlichem" Verhalten, zwischen Privatmann und Amtsperson, nicht überwinden, und sein daraus folgender unangemessene Umgang mit dem Mord wirkt auf den Leser komisch und dadurch distanzierend.

> Unter Komik versteht man hier den Widerspruch zwischen dem ernsten, traurigen Geschehen und seiner Darstellung, also die Unangemessenheit von Sache und ihrer Darstellung, die den Leser zum Schmunzeln bringt.

Der Mordfall verliert seinen Schrecken und wirkt fast belustigend. Der Leser wird so daran gehindert, sich mit dem Geschehen zu identifizieren, d. h. sich unkritisch in es hineinzuversetzen. Diese Haltung soll er besonders gegenüber der Vordergrundhandlung (Fall Schmied) einnehmen.

Das Groteske

Dürrenmatts besondere Art der Darstellung zeigt sich vor allem in der Verwendung des Stilmittels des Grotesken.

> Unter grotesker Darstellung versteht man die Vereinigung von scheinbar Unvereinbarem, das den Leser verblüffende und befremdende Nebeneinander von Gegensätzlichem, von Lachen und Entsetzen, ein Ineinander von Belustigung und Schaudern.

Dieses Stilmittel wird schon bei der Darstellung der Begräbnisszene, (Kap. 10) verwendet. Am Grabe Schmieds versammeln sich bei strömendem Regen die Bekannten des Toten und die Polizisten. Diese werden als „phantastische Totenwächter (...)" (62) gesehen.

Den Grabredner Dr. Lutz unterbricht ein „wilder, grölender Gesang." „Zwei brutale, riesenhafte Kerle, befrackte Schlächter, schwer betrunken" (63), stören das Begräbnis massiv. Es sind Gastmanns Leibwächter, die Dürrenmatt ins Grauenhafte überzeichnet.

In der Ess-Orgie, Tschanz' Henkersmahlzeit, in der das „Gericht" (Essen) zum „Gericht" (Verhandlung) umfunktioniert wird, erreicht die groteske Darstellung ihren Höhepunkt (Kap. 20).

Bärlach gibt vor, Tschanz' Sieg feiern zu wollen. Dieser erschrickt vor dem „unheimlichen Schauspiel, das der Todkranke bot" (110). Er kann von den Bergen von Fleischspeisen nichts essen, während der magenkranke Kommissär sich „unbarmherzig" den Teller zum zweiten Mal aufhäuft (111). Nach einigen dunklen Anspielungen genießt er seinen Triumph und stellt fest: „Du bist Schmieds Mörder" (112).

Bärlach wird in dieser Szene ins Übermenschliche gehoben: „An der Wand zeichnete sich, zweimal vergrößert, der wilde Schatten seiner Gestalt ab." Seine Bewegungen vergleicht der Erzähler mit dem „Tanz eines triumphierenden Negerhäuptlings". Er bezeichnet ihn als „grauenvollen Alten", als „Dämon", der „pausenlos essend, gierig die Speisen dieser Welt" in sich hineinschlingt und seinen „unendlichen Hunger" stillt (110), als „teuflischen Esser" (111) beim „grauenvollen Mahl" und „unerbittlichen Schachspieler" (113).

Der Erzähler bringt Gegensätzliches in ein Bild, um die überdimensionale Wirkung Bärlachs auf sein Opfer Tschanz zu verdeutlichen: „Der Alte reckte sich nun in seinem Stuhl, nun nicht mehr krank und zerfallen, sondern mächtig und gelassen, das Bild einer menschlichen Überlegenheit, ein Tiger, der mit seinem Opfer spielt (...)" (112).

Diese groteske Darstellung ist Ausdruck der Entwicklung, die Bärlach während des Geschehens durchlaufen hat: Er hat in unmenschlicher Weise mit Tschanz gespielt und ihn als Werkzeug in seinem Kampf gegen Gastmann benutzt, der jetzt zu Ende ist. In dieser Stunde des Triumphes, auf dem Gipfel seiner Überheblichkeit, wächst der Kommissär ins Übermenschliche.

Metaphern und Symbole

Zur Verdeutlichung des Gesagten und Veranschaulichung des Geschehens verwendet Dürrenmatt sprachliche Bilder, meist Metaphern.

> Unter Metapher versteht man den Gebrauch von Wortbedeutungen in einem übertragenen Sinn. Ein Begriff wird aus seinem eigentlichen Bedeutungszusammenhang in einen anderen, ursprünglich fremden, übertragen, wobei ein gemeinsames Merkmal vorhanden sein muss.

Ein besonders anschauliches Bild ist die Metapher von der an den Himmel gehängten Wette (vgl. 69). Wenn es in diesem Rückblick auf die Begegnung in Konstantinopel heißt: „Ein unförmiges gelbes Stück Schweizerkäse von einem Mond hing (...) zwischen den Wolken (...) (67), so sind Form und Farbe die gemeinsamen Merkmale.
Dürrenmatt verwendet außerdem zur Verdeutlichung seiner Aussageabsicht und zur Vertiefung ihrer Wirkung Symbole.

> Unter einem Symbol versteht man einen sinnlich gegebenen Gegenstand, ein Bild, einen Vorgang oder eine Situation, die über sich selbst hinausweisen, und zwar auf einen höheren, abstrakteren, ideellen Bereich.
> Symbole erlangen erst im Textzusammenhang ihre Bedeutung. Sie stellen ein Geflecht von Bedeutungs- und Verweisungszusammenhängen dar. Dadurch entsteht hinter der realen Geschehensebene eine zusätzliche Sinn- und Bedeutungsschicht.

Symbole können bestimmte Situationen aus dem Oberflächlich-Realistischen ins Allgemeingültige heben. Sie können aber auch (als Vorausdeutung) auf Späteres vorausweisen.
Im Roman kann man hier zwischen einfachen Symbolen und symbolischen Verhaltensweisen oder Situationen von allgemeinerer und tieferer Bedeutung unterscheiden.

Das Bild, das Bärlach im Korridor sieht, der zu Schmieds Wohnung führt, gehört zu diesen einfachen Symbolen. Es ist die „Toteninsel". Dabei handelt es sich um ein Gemälde des deutschen Malers Arnold Böcklin (1827 – 1901). Dass Bärlach dieses Bild bemerkt, zeigt, wie sehr sein Blickfeld eingeengt ist, weil er von Schmieds Tod so stark getroffen ist. Es verweist aber auch schon auf das Ende, den Tod von Gastmann, seinen Dienern und auf den Tod von Tschanz.

Zu dieser einfachen Todessymbolik gehört auch der Namen von Schmieds Wagen, den er den „blauen Charon" nannte (30). Charon ist in der griechischen Götterwelt der Fährmann, der die Toten über den Fluss Styx zur Unterwelt rudert. Schmied fuhr mit diesem Wagen in den Tod. Dies ist auch eine Vorausdeutung: Später wird es Tschanz, der diesen Wagen kauft, ebenso gehen: Er wird „unter seinem vom Zug erfaßten Wagen tot aufgefunden" (116).

Wirksamer noch als diese einfachen Symbole sind bestimmte Situationen, die über sich ins Allgemeine hinausweisen. Im Kampf Bärlachs mit einem Unbekannten scheint sogar die Nacht Verbündete des Attentäters zu sein. Sie wird personifiziert (d. h. als Person gesehen) und ist für Bärlach eine feindliche, dämonische Macht, die „unter ihrem schwarzen Mantel die tödliche Schlange barg, das Messer, das sein Herz suchte" (93).

Dieser Kampf Bärlachs mit dem Unbekannten in der feindlichen Nacht hat darüber hinaus auch eine symbolische Bedeutung: In ihm kann man den Kampf des Menschen gegen das Böse sehen.

Nicht nur der Nacht, sondern der Natur überhaupt verleiht Dürrenmatt symbolische Bedeutung. Besonders das Wetter vermittelt dem Leser eine dem Geschehen angepasste Stimmung und verweist auf die Seelenlage der Personen.

Als Clenin mit der Leiche Schmieds nach Biel fährt, macht der Nebel für den Polizisten aus den vorbeifahrenden Autos „fast ein(en) Leichenzug" (13). In Strömen regnet es, als Lutz und Bärlach zu Schmieds Begräbnis fahren, und die Natur verwandelt sich in eine gespenstische, fast bedrohliche Kulisse (vgl. 56). Auf dem Friedhof werden die Feierlichkeiten von diesem ungeheuren Regen ertränkt und vom Wind weggefegt: Beim Grabe blieben nur die Totengräber zurück, „schwarze Vogelscheuchen im Heulen der Winde, im Prasseln der Wolkenbrüche (...)" (64).

Die Naturbeschreibung dient dazu, den Seelenzustand und die Stimmung des Menschen nach außen zu spiegeln. Nach der Depression Bärlachs am Grab erwacht wieder die Lebenslust in dem Todkranken. Auf dem Heimweg bricht die Sonne wieder durch und er saugt „gierig (...) das Schauspiel in sich auf: die Erde war schön" (65f.).

In den letzten Kapiteln wird die zunehmend bedrohliche Stimmung durch entsprechende Bilder vermittelt: Tschanz „stieg immer höher hinan", vorbei an „weißen Jurafelsen", an einem Friedhof „mit weit offenem Tor. Schwarzgekleidete Frauen schritten auf den Wegen (...)" (102), „die Sonne schien ihm in den Rücken und warf seinen Schatten vor ihm her" (103), bis er auf Gastmann trifft und diesen erschießt.

Im Schlussteil des Romans wird deutlich, dass das Geschehen als Ganzes im übertragenen und verallgemeinernden Sinn aufgefasst werden kann, als Parabel, also als gleichnishafte Erzählung. Er handelt vom Ausgang des Wettkampfes, den die Wette zwischen Bärlach und Gastmann ausgelöst hat, und fordert zum Nachdenken auf über die Natur des Menschen und die Macht des Bösen, über den Mut, ihm widerstehen zu wollen, und über die fragwürdigen Möglichkeiten, dies tun zu können.

Der Erzähler verwendet zur Verdeutlichung seiner Intention (Aussageabsicht) und zur Veranschaulichung des Geschehens beim Leser verschiedene sprachliche Mittel (Ironie, Komik, groteske Darstellung, Symbolik). Durch diese Mittel gewinnt das Geschehen eine größere Bedeutsamkeit.

Ort und Zeit des Geschehens

Planskizze

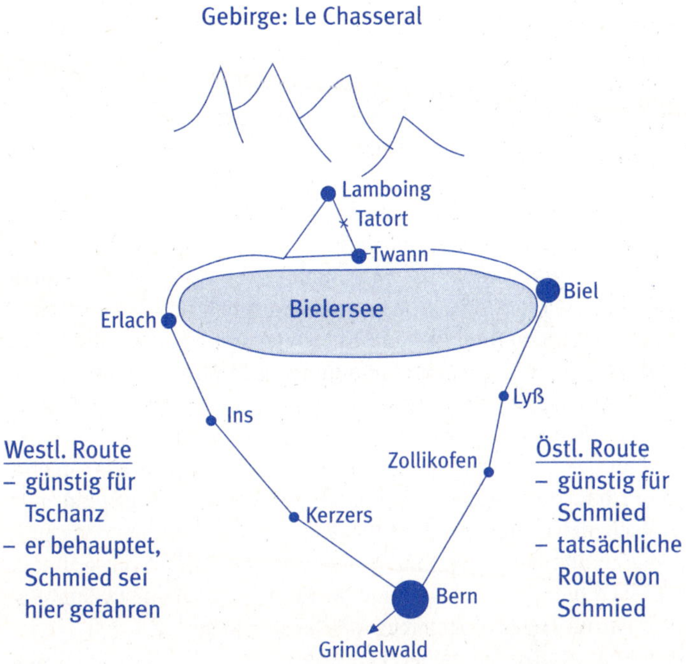

Gebirge: Le Chasseral

- Lamboing
- × Tatort
- Twann
- Biel

Bielersee

Erlach

- Lyß
- Ins

Westl. Route
- günstig für Tschanz
- er behauptet, Schmied sei hier gefahren

Zollikofen

Östl. Route
- günstig für Schmied
- tatsächliche Route von Schmied

Kerzers

Bern

Grindelwald

Tatort und Umwelt

Der Roman spielt zwischen dem Chasseral, einem Teil des Schweizer Jura, und Bern, der Hauptstadt des Landes. Als Kontrast zu diesem an sich ruhigen und unaufregenden Schauplatz, in der Verbrechen wie Mord bisher undenkbar waren, werden vom Erzähler die Städte New York, Chicago, Konstantinopel und Frankfurt erwähnt. Dies sind Städte, die für ihre hohe Kriminalitätsrate bekannt sind.

Die Bedeutung der Topographie (d. h. Ortskunde) für die Aufklärung des Falles ist schwer zu durchschauen und wird dem Leser erst allmählich deutlich. Er fragt sich, warum Bärlach und Tschanz sich über den besseren Weg von Bern nach Lamboing, dem Tatort, streiten. Von Bern nach Lamboing führen zwei Routen um den Bieler See herum, eine westliche über Kerzers, Ins, Erlach, und eine östliche über Zollikofen, Lyß und Biel.

Diese Route westlich um den Bieler See ist Tschanz in der Mordnacht gefahren, weil sie von seinem Ferienort Grindelwald aus günstiger für ihn war. Um zu verhindern, dass er möglicherweise von einem Tankwart wiedererkannt wird, spielt er die „Komödie" (112) mit dem „blauen Charon", wie Schmied seinen Wagen nannte. Tschanz hält an Tankstellen und bezeichnet so den Tankwarten gegenüber seinen gemieteten blauen Wagen. Als ein Tankwart sich an diese Bezeichnung erinnert, behauptet Tschanz Bärlach gegenüber, dies sei der Beweis, dass Schmied bei seiner Ermordung diese Strecke gefahren sei. Aber Bärlach merkt, dass dies nicht stimmt. Er erfährt durch einen Anruf, dass Schmied am Mordtag die für ihn nähere Route östlich um den Bieler See herum gefahren sein muss, weil ein blauer Wagen dort gehalten hat. Dann nimmt der Kommissär Krankenurlaub und reist nach Tschanz' Urlaubsort Grindelwald. Dort erfährt er, dass sich Tschanz am Mordtag einen blauen Mercedes gemietet hatte. Damit hat Bärlach neben der gefundenen Revolverkugel einen zweiten Beweis, dass nur Tschanz Schmieds Mörder sein kann.

Tschanz hat also durch seinen Fahrweg selbst einen wichtigen Hinweis auf sich als Täter geliefert und sich selbst verraten. In der Enthüllungsszene (Kap. 20) macht Bärlach dann deutlich, dass das Herausfinden der Fahrstrecke wichtig für ihn war: „Wer in jener Nacht über Ins und Erlach fuhr, war der Mörder: du Tschanz" (113).

So haben nicht nur die Örtlichkeiten und die Fahrstrecke eine Bedeutung für die Aufklärung des Falles, sondern auch Bärlachs Krankenurlaub in Grindelwald, wie der Leser im Nachhinein erkennt. Dort erhält der Kommissär wertvolle Hinweise zur Überführung des Täters.

Neben dem ländlichen Tatort und seiner Umgebung ist auch die Landeshauptstadt Bern von Bedeutung. Hier hat Bärlach sein Haus. Aber es hat keine Klingel, da die Türe „unverschlossen" (28) war, wie Tschanz feststellt. Dies ist schon bei einem normalen Bürger unüblich, bei einem Kriminalkommissär jedoch mehr als leichtsinnig. Die Gefahr, die das unverschlossene Haus in sich birgt, wird beim Attentat auf Bärlach deutlich. Tschanz kann durch die offene Tür unbemerkt in Bärlachs Zimmer gelangen.

Die Offenheit des Hauses zeigt Bärlachs Mut zum Risiko, seine Furchtlosigkeit, aber auch wieder seine Spielernatur. So sagt er zu Tschanz, der sich darüber wundert: „Es ist immer spannend, heimzukehren und zu sehen, ob einem etwas gestohlen ist oder nicht" (28). Bärlach verschließt erst seine Haustüre, als der nach dem Attentat herbeigerufene Tschanz das Haus wieder verlassen hat, aber zurückkehren will, wahrscheinlich um Bärlach zu töten (vgl. 97).

Im Gegensatz zur Offenheit von Bärlachs Haus steht das Haus Gastmanns. Es ist abgeschlossen, von einem Park umgeben und wird von einem Bluthund bewacht. Selbst die Polizei hat keinen Zugang und wird vor der Türe abgefertigt. Dieses Haus verbirgt ein Geheimnis, es ist Ort der geheimen Zusammenkünfte und Verhandlungen der Industriellen. Dieses verschlossene Haus ist Symbol für die geheimnisvollen Natur seines Besitzers, des gesellschaftlich hoch angesehenen Industriellen, der in Wirklichkeit ein Großverbrecher ist.

Zeitliche Gestaltung

Dürrenmatt erzählt die Geschehnisse der Zeitspanne zwischen Donnerstag, 3. 11., und Dienstag, 8. 11. 1948.

Diesen Zeitumfang, über den sich die erzählte Handlung erstreckt, nennt man „erzählte Zeit".
Von der „erzählten Zeit" unterscheidet man die „Erzählzeit". Dieser Begriff bezeichnet die Zeit, die man zum Lesen eines Textes braucht, also die Lesedauer.

> Von Bedeutung ist das Verhältnis der beiden Zeitarten zueinander:
> - Entspricht die Erzählzeit in etwa der erzählten Zeit, so spricht man von Zeitdeckung.
> - Dauert das Lesen eines Textes länger als das erzählte Geschehen, so handelt es sich um Zeitdehnung.
> - Von Zeitraffung spricht man, wenn das erzählte Geschehen länger dauert als dessen Lektüre bzw. Erzählzeit.

Wendet man diese Begriffe auf Dürrenmatts Roman an, so stellt man fest, dass die erzählte Zeit, das sind rund 5 Tage, erheblich länger ist als die Zeit, die man zum Lesen des Textes braucht, also einige Stunden. Dürrenmatt rafft also die Zeit, indem er Zeitabschnitte ohne besondere Handlung oder Spannung auslässt, indem er nicht alles, was in der Realität geschieht, wiedergibt und auf diese Weise das Geschehen beschleunigt.

Diese Zeitgestaltung bewirkt beim Leser Spannung. Er ist begierig, die Enträtselung des Geheimnisvollen weiterzuverfolgen.

Der Erzähler erweckt jedoch bei wichtigen Ereignissen auch durch Zeitdeckung oder sogar Zeitdehnung Spannung. Dies ist zum Beispiel der Fall, als Gastmanns Hund Bärlach anfällt (vgl. 37). Die Situation wird genau beschrieben und dadurch ausgedehnt. In besonderer Weise entsteht Spannung durch Zeitdehnung, als der Erzähler das Attentat auf Bärlach darstellt. Hier geht er auf die innere Situation des angegriffenen Kommissärs ausführlich ein. Nachdem Bärlach den Angriff unverletzt überlebt hat, stand er da, „unbeweglich, als spüre er die Zeit nicht mehr" (94f.).

An einer anderen wichtigen Stelle verlangsamt der Erzähler die raffende Darstellung des Geschehens und kommt in die Nähe der Zeitdeckung: in der Szene mit dem Schriftsteller. Hier wird die Handlung durch eine Phase unterbrochen, in der Überlegungen, Erklärungen und Deutungen von Gastmanns Wesen versucht werden. Dass Dürrenmatt diese Szene eingeschoben hat, zeigt, dass ihm diese Überlegungen wichtig sind.

Chronologie

Zur Zeitgestaltung gehört außerdem der Umgang des Erzählers mit der Chronologie, der zeitlichen Reihenfolge der Teile des Geschehens. Er hält sich im großen Ganzen an die zeitliche Reihenfolge der Ereignisse, geht also chronologisch vor. Dabei kennzeichnet er immer wieder durch genaue Zeitangaben den Ablauf der Zeit. Nicht nur die Tage werden genannt, sondern auch die Tageszeiten, oft sogar die Stunden. Auf diese Weise entsteht der Eindruck von Zeitdeckung und dadurch einer Einbeziehung des Lesers in die Zeit, in der das Geschehen abläuft. Dies verstärkt den Realitätscharakter des Romans und erhöht ebenfalls die Spannung.

Rückblenden

Der Erzähler unterbricht allerdings an wenigen Stellen das chronologisch erzählte Geschehen durch Rückblenden. Darin informiert er den Leser über Vorgeschichte und Voraussetzungen des jeweils gegenwärtigen Geschehens. Dies ist einmal der Fall, als er den Leser über Bärlachs berufliche Vergangenheit in Konstantinopel und Frankfurt informiert.

Die sehr wichtige zweite Rückblende hat der Erzähler in das Gespräch Gastmanns mit Bärlach eingebaut. Gastmann erinnert an die Begegnung am Bosporus, die „über 40 Jahre" (67) zurückliegt. Dadurch, dass sie im Gespräch erinnert wird, wirkt die Vergangenheit lebendig. Dies ist auch in der dritten Rückblende der Fall, als Bärlach den Mord von Tschanz an Schmied rekonstruiert (vgl. 113). Auch hier wird vergangenes Geschehen, das der Leser erfahren muss, in einem gegenwärtigen Gespräch wiedergegeben. Dies wirkt lebendig, realitätsnah. Der Leser hat das Gefühl, dabei zu sein.

Kennzeichen für Dürrenmatts Kriminalroman:
– Die genaue Lokalisierung des Geschehens. Dürrenmatt beschreibt mit so großer Detailtreue die Landschaft, in der das Geschehen spielt, dass der Leser die genannten, tatsächlich

existierenden Orte auf der Karte findet und den Romanfiguren gewissermaßen nachfahren kann.

– Die genauen zeitlichen Angaben. Der Zeitablauf ist chronologisch. Wichtige Voraussetzungen des Geschehens werden in wenigen Rückblenden vergegenwärtigt.

Diese genauen Orts- und Zeitangaben haben für die Aufklärung des Falles Schmied eine große Bedeutung.

Darüber hinaus vermitteln sie dem Leser große Wirklichkeitsnähe. Sie ermöglichen ihm eine Identifikation mit dem Geschehen, d. h. die Möglichkeit, sich in es hineinzuversetzen, an ihm teilzunehmen.

Der Schriftsteller Friedrich Dürrenmatt

Übersicht über sein Leben und Werk

1921   (5. 1.) in Konolfingen (bei Bern) als Sohn eines Pfarrers geboren.

1933   Besuch der Sekundarschule in der Nähe des Heimatortes.

1935   Umzug der Familie nach Bern, weil der Vater dort Krankenhausseelsorger wird.

1941   Abitur, Studium der Germanistik, Philosophie und Naturwissenschaften in Bern und Zürich, erste schriftstellerische Versuche, zeichnerische und malerische Arbeiten.

1946   Heirat mit der Schauspielerin Lotti Geißler, Abschluss des Theaterstücks „Es steht geschrieben" (später überarbeitet und als „Die Wiedertäufer" 1967 aufgeführt), Prosawerke.

1947   Umzug nach Basel; Theaterkritiken, Beginn der kritischen Freundschaft mit Max Frisch, Theaterskandal wegen der Aufführung von „Es steht geschrieben".

1848   Umzug nach Ligerz am Bielersee (Schauplatz der Handlung von „Der Richter und sein Henker"), Beginn der Arbeit an „Romulus der Große", finanzielle Sorgen der inzwischen dreiköpfigen, ein Jahr später vierköpfigen Familie.

1950   Dürrenmatt verfasst aus finanziellen Erwägungen für die Zeitung „Schweizerischer Beobachter" seinen ersten Kriminalroman „Der Richter und sein Henker". Er erscheint in acht Folgen von Dezember 1950 bis März 1951. Dieser Roman befreit Dürrenmatt von seinen finanziellen Sorgen. Er erscheint in den nächsten Jahren in Millionenauflage.

1951   Wegen des großen Erfolges des Romans schreibt Dürrenmatt einen zweiten („Der Verdacht"), der ebenfalls als Fortsetzungsroman veröffentlicht wird.

1952   Umzug der Familie nach Neuenburg (Neuchatel), das fester Wohnsitz Dürrenmatts bis zu seinem Tode ist.

1954   Großer Erfolg der Komödie „Die Ehe des Herrn Mississippi",

Beginn der theaterpraktischen Arbeit, theoretische Abhandlungen über das Theater („Theaterprobleme"), Beginn der Vortragstätigkeit u. a. in der Schweiz, in Deutschland und in den USA.

1956   Großer Erfolg der Komödie „Der Besuch der alten Dame": Begründung von Dürrenmatts Weltgeltung als Dramatiker.

1957   Verfilmung des Romans „Der Richter und sein Henker" fürs Fernsehen, Drehbuch für den Film „Es geschah am hellichten Tag".

1962   Großer Erfolg des Stückes „Die Physiker".

1968   Dürrenmatt wird Theaterdirektor in Basel (bis 1969), in den Folgejahren umfassende schriftstellerische Tätigkeit (eigene Werke, Bearbeitungen fremder Werke, theaterkritische Schriften, Vorträge, Vortragsreisen nach Übersee, Essays) trotz schwerer gesundheitlicher Belastung (Zuckerkrankheit), Preise und Auszeichnungen in aller Welt.

1976   Verfilmung des Kriminalromans „Der Richter und sein Henker" durch Maximilian Schell. Dürrenmatt spielt den Schriftsteller.

1981   Vielfältige Ehrungen zum 60. Geburtstag, Neuauflage seiner Werke.

1983   Tod von Dürrenmatts Frau Lotti Geißler.

1984   Heirat mit Charlotte Kerr, der Tochter des Kritikers Alfred Kerr.

1986   „Georg-Büchner-Preis".

1990   14. Dezember: Tod durch einen Herzinfarkt.

Weltbild

In Dürrenmatts Werk kehren verschiedene Gedanken über die Welt und ihre Ordnung immer wieder.

Dürrenmatts Weltbild ist pessimistisch, obwohl oder gerade weil er Sohn eines Pfarrers ist. So spricht er in einem Vortrag von einer „Welt, die am Zusammenpacken ist", in der es „keine Schuldigen und auch keine Verantwortlichen" mehr gibt, da der Zufall regiert. Aber, so schreibt er, es sei „immer noch möglich, den mutigen Menschen zu zeigen". Darunter versteht er den Menschen, der nicht verzweifelt, sondern der Verantwortung übernimmt und sich zu seiner Schuld bekennt. Zu diesen „mutigen Menschen" gehört Bärlach, allerdings mit Einschränkungen.

Dürrenmatt sieht keinen Sinn in der Welt. Sie ist für ihn zum Chaos geworden, undurchschaubar für den Einzelnen. Diese Undurchschaubarkeit bezeichnet er mit dem Bild des „Labyrinths". Er hat „das Empfinden des Minotaurus, der inmitten des Labyrinths sitzt und nicht weiß, was auf ihn zukommt."

Damit spielt Dürrenmatt auf die griechische Sage vom Labyrinth des kretischen Königs Minos an. Dies ist ein Bau aus zahlreichen Irrgängen mit einem schwer auffindbaren Ausgang, in dessen Mitte der Minotaurus sitzt, ein zwitterhaftes Geschöpf, halb Mensch und halb Stier. Ihm soll der griechische Königssohn Theseus mit anderen zusammen geopfert werden. Aber Theseus tötet den Minotaurus. Mit Hilfe eines Wollknäuels, den ihm die verliebte Königstochter gegeben hat, findet er aus dem Labyrinth wieder heraus.

Das Bild des Labyrinths wird für Dürrenmatt zum Symbol für die Welt. Er vertauscht allerdings die Perspektive und sieht das Geschehen aus der Sicht des innen sitzenden Minotaurus, der nicht heraus kann und nicht weiß, welches Schicksal er haben wird.

In diesem Labyrinth der Welt irrt der Einzelne einsam und orientierungslos umher und kann ihm nicht entkommen. Deshalb sieht Dürrenmatt sich als Schriftsteller gezwungen, in dieser sinnlos gewordenen Welt einen Sinn zu suchen, da die Welt sonst nicht ausgehalten werden kann.

Eine Möglichkeit, diese chaotische Welt auszuhalten und einen Sinn zu finden, sieht Dürrenmatt in der Liebe. Zwar ist er auch hier pessimistisch: Diese erlösende Liebe ist nicht zu verwirklichen. Doch wer liebt, kann seiner Meinung nach einen Sinn hinter dem Unsinn und dem Schrecken der Welt sehen, der ihm am Verzweifeln hindert.

Literaturverzeichnis

Eisenbeiß, Ulrich: Fr. Dürrenmatts Roman Der Richter und sein Henker auf Sekundarstufe I, in: Der Deutschunterricht 28 (1976), H. 5.

Graf, Günter: Fr. Dürrenmatts Roman Der Richter und sein Henker, in: Anregung. Zs. f. die höhere Schule 13 (1967) H. 2.

Große, Wilhelm: Fr. Dürrenmatt, Stuttgart: Reclam 1998 (Literaturwissen für Schule und Studium, Bd. 15214).

Frietsch, Matthias und Kniebel, Joachim: Stundenblätter Der Richter und sein Henker, Unterm Birnbaum, Stuttgart, Klett 2. A. 1997 (Stundenblätter Deutsch).

Hienger, Jörg: Lektüre als Spiel und Deutung. Zum Beispiel: Friedrich Dürrenmatts Detektivroman Der Richter und sein Henker, in: Unterhaltungsliteratur. Zu ihrer Theorie und Verteidigung, hrsg. v. Jörg Hienger, Göttingen 1976 (Kleine Vandenhoek-Reihe 1423).

Klose, Werner: Fr. Dürrenmatt, Der Richter und sein Henker, in: Lehmann, Jakob (Hg.): Deutsche Romane von Grimmelshausen bis Walser, Bd. 2. Königstein/Ts: Scriptor 1982.

Knapp, Gerhard: Fr. Dürrenmatt, Der Richter und sein Henker, Frankfurt/Main: Diesterweg 1983 (Grundlagen und Gedanken zum Verständnis erzählender Literatur).

Knopf, Jan: Friedrich Dürrenmatt, München: Beck 1988 (Beck'sche Reihe: Autorenbücher).

Poppe, Reiner: Fr. Dürrenmatt, Der Richter und sein Henker, Hollfeld: Beyer, 3. A. 1997 (Analysen und Reflexionen; Bd. 67).

Seifert, Walter: Fr. Dürrenmatt., Der Richter und sein Henker, München: Oldenbourg 1975 (Interpretationen für Schule und Studium).

Spycher, Peter: Fr. Dürrenmatt, Das erzählerische Werk, Frauenfeld-Stuttgart 1972.